a vertical

instructions booklet for the prototype of a forest city

forest /

stefano boeri

un bosco

libretto di istruzioni per il prototipo di una città foresta

verticale

edited by / a cura di
Guido Musante e / and
Azzurra Muzzonigro

with the contribution of /
con il contributo di
Michele Brunello, Laura Gatti,
Julia Gocałek and Yibo Xu

CORRAINI
EDIZIONI

seven

introduction

inspirations /

by / di stefano boeri

sette

introduzione

ispirazioni

one

In 1972 I was 16 years old and I had no idea that travelling around the streets of my city,

HUNDERTWASSER, FRIEDENSREICH * P. 78

Milan, there was a bizarre character – the Austrian artist Friedensreich Hundertwasser –

who while holding a tree was preaching the idea of a new style of architecture, built around

the presence of trees in houses, courtyards and rooms.

In the middle of the streets with a small oak tree in his hand and just a few metres from

the La Scala Opera House, Hundertwasser was making the case for organic architecture,

based on a standard that governed the relationship between the number of humans

HUMANS * P. 77

and the number of trees in any space where people lived.

At that time I was a high school student involved in the movements of the extra-

parliamentary left and I was walking the same streets protesting in Milan – not about

issues such as ecology and environmental sustainability but rather the great problems

of social inequality, the right to education, of "imperialism".

I considered that ecology and environment issues were superfluous and irrelevant,

typical concerns of the "capitalist bourgeoisie".

Yet in Italy, in Florence during those same years, there were some young architects

and artists in their twenties and thirties who were committed to the culture of protest.

They formed the Gruppo 9999 and began to think about the relationship between trees

BASIC RADICALITY * P. 54

and humans in cities and build extreme and radical visions of the urban future, images

of urban settings filled with forests and woods permeated by architecture.

But even their vision, so strong and radical and disturbing, fell foul of the indifference

of the dominant culture within the Italian and European intellectual left.

I never thought that 40 years later I myself would be the author, right here in Milan,

(ANTI-) ANTICITY * P. 51

of an architecture that aims to revolutionize the relationship between trees and humans

CULTURAL CELL * P. 65

in an urban centre and which aims to promote a new idea of the city.

uno

Nel 1972 avevo 16 anni e non sapevo che per le strade della mia città, Milano,
si aggirava un personaggio bizzarro – l'artista austriaco Friedensreich Hundertwasser
– che, con in mano un albero predicava l'idea di un'architettura nuova, fondata sulla
presenza di alberi nelle case, nei cortili, nelle stanze.

In mezzo alla strada, con una piccola quercia in mano, a pochi metri dal teatro alla
Scala, Hundertwasser sosteneva la necessità di un'architettura biologica, basata su uno
standard che regolava il rapporto tra il numero degli uomini e il numero degli alberi,
in qualsiasi spazio abitato.

A quel tempo ero uno studente di liceo impegnato nei movimenti della sinistra
extraparlamentare e percorrevo protestando le stesse strade di Milano –
senza preoccuparmi di temi come l'ecologia e la sostenibilità ambientale ma
piuttosto dei grandi problemi delle diseguaglianze sociali, del diritto allo studio,
dell'"imperialismo".

Consideravo l'ecologia e l'ambiente questioni sovrastrutturali e ininfluenti,
tipiche preoccupazioni della "borghesia capitalista".

Eppure, in Italia, a Firenze, in quegli stessi anni alcuni giovani architetti e artisti
ventenni e trentenni impegnati nella cultura della contestazione, il Gruppo 9999,
avevano cominciato a ragionare sul rapporto tra alberi e uomini nelle città
e a costruire delle visioni estreme e radicali del futuro urbano. Immagini di luoghi
urbani compenetrati dalle foreste e di boschi compenetrati dall'architettura.

Ma anche la loro visione, così forte e radicale e inquietante, cadde nell'indifferenza
della cultura dominante nella sinistra intellettuale italiana ed europea.

Non avrei mai pensato, 40 anni dopo, di trovarmi a essere l'autore, proprio a Milano,
di un'architettura che si propone di rivoluzionare il rapporto tra alberi e uomini
all'interno di un centro urbano. E che ambisce a promuovere una nuova idea di città.

two

BIG TREE * P. 55
The idea of building a tower completely surrounded by trees came to me in early 2007 in Dubai – one of the cradles of the new oil and financial capitalism – when as editor-in-chief of "Domus" I was following the frantic construction of a city in the desert consisting of dozens of new towers and skyscrapers.

All clad in glass or ceramic or metal.

All reflecting the sunlight and therefore heat generators: in the air and especially on the ground, the area inhabited by pedestrians.

At that time I was teaching at the Graduate School of Design at Harvard and the School magazine ("Harvard Design Magazine" **1**) had published a piece of research by Alehandro Zaera Polo which explained that 94% of the tall buildings in the world built after 2000 were covered in glass.

MINERAL CITY * P. 86
Glass and mineral skins in an increasingly artificial and mineral city.

At that time I was starting the design of two towers in the centre of Milan and suddenly – the most radical and bizarre ideas come without warning – it occurred
MATERIALS * P. 85
to me to create two eco-friendly towers; two towers covered not in glass but in leaves – leaves of plants, shrubs, but especially the leaves of trees.

Two towers covered in life.

To convince my clients – the Italian branch of a multinational American real estate company – I asked a journalist friend to publish a picture in an Italian newspaper showing the two towers covered with trees and a compelling title: "the first ecological
DEMINERALIZATION * P. 65
and sustainable tower is going to be created in Milan".

1 *High-Rise Phylum*, on: "Harvard Design Magazine" n. 26, Spring/Summer 2007.

due

L'idea di costruire una torre completamente circondata da alberi nasce agli inizi
del 2007 a Dubai – una delle culle del nuovo capitalismo petrolifero e finanziario
– dove seguivo come direttore di "Domus" la frenetica costruzione di una città nel
deserto fatta di decine di nuove torri e grattacieli.

Tutti rivestiti di vetro o di ceramica o di metallo.

Tutti riflettenti la luce solare e dunque generatori di calore: nell'aria e soprattutto
sul suolo urbano, abitato dai pedoni.

In quel periodo insegnavo alla Graduate School of Design di Harvard e la rivista della
Scuola ("Harvard Design Magazine" **1**) aveva pubblicato una ricerca di Alehandro
Zaera Polo che spiegava come il 94% degli edifici alti costruiti nel mondo dopo il 2000
fossero rivestiti in vetro.

Pelli vetrate e minerali in una città sempre più artificiale e minerale.

In quei mesi stavo iniziando il progetto di due torri alte nel centro di Milano
e di colpo – le idee più radicali e bizzarre arrivano senza preavviso – mi venne in mente
di realizzare due torri biologiche; due torri rivestite non di vetro, ma di foglie.

Foglie di piante, di arbusti, ma soprattutto foglie di alberi.

Due torri rivestite di vita.

Per convincere i miei clienti – il branch italiano di una multinazionale americana
del real estate – chiesi a un amico giornalista di pubblicare su un quotidiano italiano
un'immagine con le due torri alberate e con un titolo convincente: "a Milano nascerà
la prima torre biologica e sostenibile".

1 *High-Rise Phylum*, su: "Harvard Design Magazine" n. 26, Primavera/Estate 2007.

In fact, the promise and the intention of these two buildings, 111 and 78 metres high

HEIGHTS * P. 76

respectively, was to noticeably reduce energy consumption thanks to the filter that

MATERIALS * P. 85 MICROCLIMATES * P. 86

a façade of leaves exerts on the sunlight plus the microclimate that is created on the

BALCONIES * P. 52

balconies, which reduces the difference in temperature between the inside and the

outside of the apartments by about 3 degrees.

I added in that article – which was so successful as to push my clients to take this little

"quirk" seriously – that in addition to carbon dioxide, the leaves of the trees would also

absorb the pollutant micro-particles created as a result of urban traffic and so would

SUSTAINABILITY * P. 97

help clean the air in Milan, as well as producing oxygen in turn.

In the following months, together with the architects in my studio **2** we wrote

a "Manifesto for the Vertical Forest" which promoted the idea of a living and

sustainable architecture that would reduce fuel consumption and therefore the human

impact on the environment.

The truly revolutionary aspect of the project was not of course the presence of trees

URBAN FOREST * P. 101

and shrubs on the balconies; but the idea of hosting nearly 700 trees from 3 to 9

POTS * P. 91

meters tall along the kilometer and 700 metres of pots that lined the perimeter of the

balconies of the two towers.

The idea was to have two trees for every inhabitant of the two towers, leading to a total

of 20,000 plants (5,000 shrubs and 15,000 perennials and climbers).

Effectively, it was the idea of building a Tower for trees – which incidentally housed

human beings.

2   Boeri Studio, founded in 1999 and active until 2008 was formed by the three partners Stefano Boeri, Gianandrea
Barreca and Giovanni La Varra.

In effetti, la promessa di questi due edifici alti 111 e 78 metri era di ridurre fortemente

ALTEZZE * P. 76

i consumi energetici grazie al filtro che una facciata di foglie esercita

MATERIALI * P. 86

sulla luce solare e al microclima che si crea nei balconi, che riduce di circa 3 gradi

MICROCLIMI * P. 86   BALCONI * P. 53

la differenza di temperatura tra l'interno degli appartamenti e l'esterno.

Aggiungevo in quell'articolo – che ebbe un tale successo da spingere i miei clienti

a prendere sul serio quella "bizzarria" – che le foglie degli alberi avrebbero assorbito,

oltre all'anidride carbonica, le polveri sottili del traffico urbano e così avrebbero

SOSTENIBILITÀ * P. 97

contribuito a pulire l'aria di Milano, oltre a produrre a loro volta ossigeno.

Nei mesi seguenti, con gli architetti del mio studio **2** scrivemmo un "Manifesto

del Bosco Verticale" che promuoveva l'idea di un'architettura viva e sostenibile,

che avrebbe ridotto i consumi e dunque l'impatto antropico sull'ambiente.

L'aspetto veramente rivoluzionario del progetto non era ovviamente la presenza di

FORESTA URBANA * P. 101

piante e arbusti sui balconi; ma l'idea di ospitare quasi 700 alberi alti dai 3 ai 9 metri

VASCHE * P. 91

lungo il chilometro e 700 metri di vasi che perimetravano i balconi delle due torri.

Era la proposta di avere due alberi per ogni abitante delle due torri. Per un totale

di 20.000 piante (5.000 arbusti e 15.000 rampicanti e piante perenni).

Era l'idea di costruire una Torre per gli alberi – che ospitava, anche, degli umani.

2   Boeri Studio, fondato nel 1999 e attivo fino al 2008 era composto dai soci Stefano Boeri, Gianandrea Barreca
e Giovanni La Varra.

three

The trees are not "green", they are not "forest", they are not "nature".

PLANTS * P. 90

Every tree is a character in the life-giving story of the planet, with its own biography

and a mysterious ability to preserve our public and private memories. I owe my

THE BARON IN THE TREES * P. 98

obsession with trees to Cosimo Piovasco di Rondò, the little Baron who one evening

in 1767 in Ombrosa, a small town in western Liguria, decided – at the age of 12 – to

leave the ground and live in trees for the rest of his life. The character from the novel

by Italo Calvino, published in 1957, is a staple in the imagination of my adolescence;

to him I owe my fascination with the forests of olive trees and oaks that line

the shores of the Mediterranean and their undergrowth of juniper, myrtle and

helichrysum. Also to the Baron of Ombrosa, born just a few kilometers from Badalucco,

the village which is home to the roots of my father's family, I also perhaps owe a taste

for obstinacy in radical and irreversible choices. But there were other memories from my

life that inspired my obsession with trees, such as visits to the building site of a small

THE HOUSE IN THE WOODS * P. 99

house designed in 1968 by my mother Cini Boeri in the woods of Osmate, near Lake

Maggiore. I was 12, like Cosimo, and I remember the decision (then very much against

the mainstream) of building a house that took up land between the birch trees without

cutting down any of them. A zigzag house, with inset sections built around the trees and

big windows that looked out on the branches. A few years later, in 1972 – the very year

HUNDERTWASSER, FRIEDENSREICH * P. 78

in which Friedensreich Hundertwasser was walking in the streets of Milan with a tree

CELENTANO, ADRIANO * P. 60

– a great Italian singer and artist, Adriano Celentano, wrote one of his most beautiful

songs about the risks of pollution and land speculation – "A 30 stories-high tree" – which

ends with the vision of a tree that grows up for thirty stories in the middle of the city **3**.

With intuitive and powerful simplicity, Celentano had opened the imagination to

a new architecture.

3   "... you shouldn't grouse if the concrete blocks your nose, neurosis is in fashion: if you haven't got it you're out.
Ouch. I cannot breathe any more, I feel that I'm choking a bit, I feel my breath going down, it goes down and doesn't come
back up, I only see that something is emerging... Maybe it's a tree yes it's a tree 30 floors high".

VERTICAL FOREST IN FIGURES ✳

1.7 Kms (approx.) of overall linear development of plant pots

2 hectares of forest (the equivalent of two soccer fields)

3 levels of protection provided by the anchor systems

4 - 6 annual pruning operations scheduled

6 - 13 kN/m³, soil density: dry (min)/saturated (max)

9 m (approx.) maximum tree height

10 m (approx.) maximum internal span of the structure

33 species of evergreen plants

50 - 110 cm, depth of plant pots

59 species of plants useful for birds

60 species of trees and shrubs

60 - 500 m², range of surface areas of the apartments

62 species of plants attractive to butterflies

65 species of plants adapted and suitable for insect populations

66 species of plants useful for pollinator insects

78 m (18 floors) the height of the Confalonieri tower

100 cm, the thickness of the soil substrate

94 different plant species

111.15 m (26 floors), the height of the De Castillia tower

apartments

km/h, wind speed in the plant test in the wind tunnel

kg, design weight of the largest tree (6 m), without turf/soil at the moment of planting

cm total balcony depth

human beings

kg, design weight of the largest tree (6 m), without turf/soil during its lifespan

trees

kg, weight of the largest tree including turf/soil at the moment of planting

birds and insects (approx.)

shrubs (approx.)

m², the approximate overall balcony surface area

perennials and drooping plants (approx.)

kg/year of CO_2 absorption (estimated quantity)

plants of different kinds (approx.)

m², built surface area (approx.)

m², expansion area of single-family homes (equivalence in terms of urban density)

✱ the data refer to the Vertical Forest built in Milan Porta Nuova and the year 2014

I NUMERI DEL BOSCO VERTICALE ✳

1,7 Km circa di sviluppo lineare complessivo delle vasche per le piante

2 ha di foresta (equivalente a due campi da calcio)

3 livelli di protezione forniti dal sistema di ancoraggio

4 - 6 interventi annui di potatura programmati

6 - 13 kN/m³, densità terreno: secco (min)/saturo (max)

9 m circa, altezza massima degli alberi

10 m circa, campata massima interna della struttura

33 specie vegetali sempreverdi

50 - 110 cm, livello di profondità delle vasche per le piante

59 specie vegetali utili per gli uccelli

60 specie vegetali arboree e arbustive

60 - 500 mq, superfici degli appartamenti

62 specie vegetali attrattive per le farfalle

65 specie vegetali adatte a costituire habitat per popolazioni di insetti

66 specie vegetali utili per gli insetti impollinatori

78 m (18 piani), altezza della torre Confalonieri

94 specie vegetali diverse

100 cm di spessore del substrato di terreno

111,15 m (26 piani), altezza della torre De Castillia

131 appartamenti

190 km/h, velocità del vento nel test di prova delle piante in galleria del vento

300 kg, peso di progetto dell'albero di dimensioni maggiori (6 m), senza zolla, al momento della posa

325 cm di profondità totale dei balconi

480 umani

600 kg, peso di progetto dell'albero di dimensioni maggiori (6 m), senza zolla, nell'arco della vita dell'albero stesso

711 alberi

820 kg, peso dell'albero di dimensioni maggiori, comprensivo di zolla, al momento della posa

1.600 circa, tra uccelli e insetti

5.000 circa, arbusti

8.900 mq circa, superficie complessiva dei balconi

15.000 circa, piante perenni e ricadenti

19.825 kg/anno di assorbimento di CO_2 (quantità stimata)

20.000 circa, piante di diverse varietà

40.000 mq circa, superficie costruita

100.000 mq, zona di espansione di case monofamigliari (equivalenza in termini di densità urbana)

* dati riferiti al Bosco Verticale costruito a Milano Porta Nuova e all'anno 2014

tre

Gli alberi non sono "verde", non sono "bosco", non sono "natura".

PIANTE * P. 90
Ogni albero è un personaggio della scena vitale del pianeta, con una sua biografia

e una sua misteriosa capacità di conservare i nostri ricordi, pubblici e privati.

Devo la mia ossessione per gli alberi a Cosimo Piovasco di Rondò,

IL BARONE RAMPANTE * P. 99
il piccolo Barone che una sera del 1767 a Ombrosa, una piccola città del ponente ligure,

decise – a 12 anni – di abbandonare il suolo e di vivere sugli alberi il resto della sua vita.

Il personaggio del romanzo di Italo Calvino, pubblicato nel 1957, è un punto fermo

nell'immaginario della mia adolescenza; a lui devo la fascinazione per i boschi di ulivi

e lecci che lambiscono le coste del Mediterraneo e il loro sottobosco di ginepro, mirto,

elicriso. Al Barone di Ombrosa, nato a pochi chilometri da quella Badalucco che ospita

le origini della mia famiglia paterna, devo forse anche il gusto per l'ostinazione nelle

scelte radicali, irreversibili. Ma a ispirare la mia ossessione per gli alberi sono state

LA CASA NEL BOSCO * P. 100
anche altre memorie di vita, come le visite nel cantiere di una piccola casa progettata

nel 1968 da mia madre Cini Boeri nel bosco di Osmate, presso il Lago Maggiore.

Avevo 12 anni, come Cosimo, e ricordo la scelta allora controcorrente di costruire

una casa che si radicava tra le betulle ma senza abbatterne nessuna. Una casa a zig zag,

con insenature attorno ai tronchi e grandi finestre con vista sulle fronde.

HUNDERTWASSER, FRIEDENSREICH * P. 78
Pochi anni dopo, nel 1972 – proprio nell'anno in cui Friedensreich Hundertwasser

camminava con un albero nelle strade di Milano – un grande cantante e artista

CELENTANO, ADRIANO * P. 60
italiano, Adriano Celentano, scriveva una delle sue più belle canzoni sui rischi

dell'inquinamento e della speculazione edilizia – "Un albero di 30 piani" – che si

conclude con la visione di un albero che cresce per trenta piani in mezzo alla città **3**.

Con la sua semplicità, intuitiva e potente, Celentano aveva aperto l'immaginazione

a una nuova architettura.

3 "... non ci devi far caso se il cemento ti chiude anche il naso, la nevrosi è di moda: chi non l'ha ripudiato sarà. Ahia, non respiro più, mi sento che soffoco un po', sento il fiato, che va giù, va giù e non viene su, vedo solo che qualcosa sta nascendo... Forse è un albero sì è un albero di trenta piani".

four

The prototype of a Vertical Forest – the two Milan towers – is today inhabited by 380
HUMANS * P. 77
human beings and 780 trees, in addition to nearly 5,000 shrubs and several thousand

climbing plants and perennials. And of course, by different species of birds that nest

at all heights.

It took months of research and experiments conducted with a group of outstanding
SUSTAINABILITY * P. 97
experts in botany, ethology and sustainability **4**, to solve problems that architecture
WIND TUNNEL * P. 103
had never before had to deal with: how to prevent a tree being broken by the wind and
MAINTENANCE SYSTEM * P. 84   IRRIGATION SYSTEM * P. 80
falling from a height of 100 meters; how to ensure continuous and precise watering

of trees planted at heights where conditions of humidity and exposure to sun are very

different; how to prevent the life of the trees being jeopardized by the personal choices

of the owners of the apartments.

I also owe a great deal to the courage of my clients **5** not just for the significant

investment in this quest and exploration for new ideas and solutions, but also the
MUTE ARCHITECTURE * P. 87
sharing of the risks involved in creating the prototype of a new dimension

of architecture.

4   We would never have been able to design and build the Milan Vertical Forest without the contribution of Laura
Gatti, who with Emanuela Borio designed the green project and day by day followed the selection of species, the study
of the best living conditions for plants and their maintenance, without the technical and structural solutions designed
by Arup Italy to support the weight of the earth on the perimeter of the balcony borders and for fixing the tree roots
to the base of the pots and without the availability of the Peverelli company, particularly of the unforgettable Giorgio
Peverelli, in terms of the procurement and quality of species of trees, shrubs and plants housed in the Vertical Forest.

5   In particular to Manfredi Catella, CEO and Co-Founder of COIMA Sgr and his Team of technicians and managers.

quattro

UMANI * P. 78

Il prototipo di un Bosco Verticale – le due torri di Milano – è oggi abitato da 380 umani

e 780 alberi. Oltre che da quasi 5.000 arbusti e altre migliaia di piante rampicanti

e perenni. E, naturalmente, da diverse specie di uccelli che nidificano a tutte le altezze.

Ci sono voluti mesi di ricerche e sperimentazioni condotte insieme a un gruppo di

SOSTENIBILITÀ * P. 97

straordinari esperti di botanica, di etologia, di sostenibilità 4, per risolvere problemi

che l'architettura non si era mai posta prima: come evitare che a 100 metri di altezza

GALLERIA DEL VENTO * P. 103   MANUTENZIONE (SISTEMA DI) * P. 84

un albero potesse cadere spezzato dal vento; come garantire una continua e corretta

IRRIGAZIONE (SISTEMA DI) * P. 80

irrigazione ad alberi disposti a quote, condizioni di umidità ed esposizioni al sole

molto diverse; come evitare che la vita degli alberi potesse essere messa in pericolo

dalle scelte personali dei proprietari degli appartamenti.

E devo al coraggio dei miei committenti 5 non solo l'investimento importante in

questa attività di ricerca e esplorazione di soluzioni inedite, ma anche la condivisione

ARCHITETTURA MUTA * P. 87

del rischio di realizzare il prototipo di una nuova architettura.

4   Non avremmo mai potuto progettare e costruire il Bosco Verticale di Milano senza il contributo di Laura Gatti
che, con Emanuela Borio, ha firmato il progetto del verde e ha seguito giorno per giorno la selezione delle specie, lo studio
delle migliori condizioni di vita delle piante e la loro manutenzione. Senza le soluzioni tecniche e strutturali progettate
da Arup Italia per sostenere il peso della terra sul perimetro delle solette e per fissare le radici degli alberi al basamento
dei vasi. Senza la disponibilità dell'impresa Peverelli, e in particolare dell'indimenticabile Giorgio Peverelli, per quello
che riguarda il reperimento e la qualità delle specie di alberi, arbusti e piante ospitate nel Bosco Verticale.

5   In particolare a Manfredi Catella, CEO e Co-Founder di COIMA Sgr e al suo Team di tecnici e manager.

five

BIODIVERSITY * P. 56
Thinking in terms of biodiversity means taking note of the fact that today Europe is one big city; and that in today's world, megacities and metropolitan areas have multiplied, so that the area they cover extends like a continuous blanket over coasts, valleys, and plains, devouring thousands of hectares of nature and agriculture. Immense urban surfaces in many parts of the world have now surrounded both the few large remaining natural areas and turned them into "theme parks", as well as the agricultural areas converted into large vegetable plots, or enclosed gardens, *hortus conclusus*.

The limitless growth of these endless cities – which means that by 2050 the urban population will exceed 70% of the global population – has altered the biological balances and has greatly reduced the biodiversity of species, on the one hand accelerating the reduction and extinction of some species of plants and animals, THIRD LANDSCAPE * P. 100 and on the other hand forcing them to invade unfamiliar territories due to their forced expropriation from uncontrolled nature.

Deers that are forced to move into the centres of many mountain towns, foxes that now inhabit the suburbs and the underground of London, the wild boars that roam the streets of many cities in the Mediterranean are the indications of deep disturbances within the sphere of life, disturbances that signal the failure of a historic pact between nature and artifice; a disturbance that we cannot think of dealing with through returning to the past and re-presenting our city within the boundaries of the past.

BIODIVERSITY * P. 56
The great challenge of biodiversity must therefore be faced and won within the current CONTINUOUS CITY * P. 64 conditions of the Continuous City, the infinite metropolis that surrounds us and in which we live.

cinque

BIODIVERSITÀ * P. 56
Pensare in termini di biodiversità significa prendere atto che oggi l'Europa è una unica immensa città; e che nel mondo si sono moltiplicate le megalopoli e le aree metropolitane, che estendendosi nel territorio hanno coperto come un manto continuo coste, vallate, pianure, divorando migliaia di ettari di natura e di agricoltura. Immense superfici urbane che in molte parti del pianeta hanno ormai circondato sia le poche grandi aree naturali rimaste e trasformate in "parchi a tema", sia le zone agricole trasformate in grandi giardini, in *hortus conclusus*.

La crescita ininterrotta di queste città infinite – che farà sì che nel 2050 la popolazione urbana supererà il 70% della popolazione planetaria – ha modificato gli equilibri biologici e ha ridotto fortemente la biodiversità di specie, da un lato accelerando la riduzione e l'estinzione di alcune specie vegetali e animali, dall'altro costringendole TERZO PAESAGGIO * P. 100 a invadere territori estranei perché sottratti con la forza alla natura selvaggia.

I cervi costretti a muoversi nel centro di molte città di montagna, le volpi che abitano le periferie e la metropolitana di Londra, i cinghiali che scorrazzano nelle strade di molte città mediterranee sono gli indizi di un disagio profondo nella sfera della vita.

Un disagio che segnala la rottura di un patto storico tra natura e artificio; un disagio che non possiamo pensare di affrontare tornando al passato e ritraendo le nostre città entro i confini di un tempo.

BIODIVERSITÀ * P. 56
La grande sfida della biodiversità va dunque combattuta entro le attuali condizioni CITTÀ CONTINUA * P. 64 della Città Continua, della metropoli infinita che ci circonda e che abitiamo.

It must be won with political tools: creating protected areas entrusted to the deep-rooted autonomy of nature, from which not only the presence, but also embedded examples of our species' governments and controls must be totally expunged.

In addition, agriculture should be planned in the territories around the metropolises and in large landlocked areas of European cities, a variety of crops and products need to be rediscovered and acquired, and not just a "grey" extension of fields planted with monocultures of cereal crops and inhabited by otters and crows.

But the great challenge of biodiversity can and must be fought and won thanks

DENSIFICATION * P. 66

also to architecture, through multiplying the places for the generation of plant biodiversity and wildlife within the denser and more congested urban areas, as well

DEMINERALIZATION * P. 65

as de-mineralizing urban surfaces, with green roofs, vertical gardens and real grafts of biodiversity, such as the Vertical Forest.

But this challenge, where it will not be possible to limit the pressures of urbanization,

(ANTI-) ANTICITY * P. 51

will be won only with the realization of genuine floral and faunistic cities, "Urban Forestry" where architecture is not just a frame or a focal point for nature, but which is created together with it, becoming inseparable.

Va combattuta con gli strumenti della politica: creando aree protette affidate

all'autonomia radicale della natura, dalle quali espungere totalmente non solo

la presenza, ma anche le istanze di governo e controllo della nostra specie.

E progettando un'agricoltura che nei territori attorno alle metropoli e nelle grandi

stanze intercluse della città Europa, riacquisti una varietà di colture e prodotti,

e non sia solo un'estensione "grigia" di campi coltivati a monoculture di cereali

e abitati da nutrie e cornacchie.

Ma la grande sfida della biodiversità può e deve essere combattuta anche grazie
DENSIFICAZIONE * P. 66
all'architettura. Moltiplicando i luoghi di generazione di biodiversità vegetale

e faunistica dentro le aree urbane più dense e congestionate.
DEMINERALIZZAZIONE * P. 66
E demineralizzando le superfici urbane, con tetti verdi, giardini verticali e veri

e propri innesti di biodiversità, come il Bosco Verticale.

Ma questa sfida, laddove non sarà possibile limitare le spinte all'urbanizzazione,
(ANTI-) ANTICITTÀ * P. 51
sarà vinta solo con la realizzazione di vere e proprie città vegetali.

"Foreste Urbane" dove l'architettura non sia solo una cornice o un baricentro

per la natura, ma nasca insieme a essa, da essa diventi inseparabile.

six

HOWARD, EBENEZER * P. 77

In 1898 Ebenezer Howard published *A Peaceful Path to Real Reform*, a milestone text for a new pact between city and nature that was republished in 1902 in a new version with the title *Garden Cities of To-Morrow*.

Howard's proposal for addressing social inequalities, problems of pollution and traffic and risks of hygiene and public disorder resulting from the overwhelming urban growth linked to the processes of industrialization, was to design urban communities of 32,000 inhabitants around London and the larger cities. Cities with low density, with services and facilities for the community at the heart and around them a system of circles of homes surrounded by nature, able to combine the advantages of urban life and those of the countryside.

The first "Garden Cities" as examples and public property were built in 1903 in Letchworth and in 1920 in Welwyn and were the inspiring model for an important trend in planning and architectural thinking that ran through the 20th century, with names ranging from Lewis Mumford to Clarence Stein, Henry Wright to Clarence Perry and from Rexford Tugwell to Arthur Morgan.

URBAN FOREST * P. 101

A century later, the proposal for the creation of a worldwide system of "Urban forests" consisting of buildings that are homes to nature within their own structures is facing a different scenario, that of parts of the world where the urbanization of large numbers of peasants will for many years yet be an unstoppable process. This scenario sees agriculture – agriculture that is versatile and full of variety, finally able to produce food for the different urban social groups – again becoming a key resource for large metropolitan areas.

sei

Nel 1898 Ebenezer Howard pubblicò *A Peaceful Path to Real Reform*, il testo germinale di un nuovo patto tra città e natura che fu riedito nel 1902 in una nuova versione con il titolo *Garden Cities of To-Morrow*.

La proposta di Howard per affrontare le diseguaglianze sociali, i problemi di inquinamento e traffico e i rischi igienici e di ordine pubblico prodotti dalla travolgente crescita urbana legata ai processi di industrializzazione era di progettare, attorno a Londra e alle grandi città inglesi, delle comunità urbane di 32.000 abitanti. Città a bassa densità, con al centro i servizi per la collettività e al loro intorno un sistema di corone di abitazioni immerse nel verde, in grado di combinare i vantaggi della vita urbana e quelli della campagna.

Le prime "Garden Cities" a guida e proprietà pubblica furono realizzate nel 1903 a Letchworth e nel 1920 a Welwyn e furono il modello ispiratore di una corrente importante dell'urbanistica e dell'architettura del Novecento: da Lewis Mumford a Clarence Stein, da Henry Wright a Clarence Perry, da Rexford Tugwell a Arthur Morgan.

A un secolo di distanza, la proposta di creare nel mondo un sistema di "Foreste Urbane" composte da architetture che ospitano nel loro stesso corpo la natura, si confronta con uno scenario diverso. Quello di aree del pianeta dove l'urbanizzazione di grandi masse di contadini sarà per molti anni ancora un processo inarrestabile. Uno scenario che vede l'agricoltura – un'agricoltura polivalente e ricca di varietà, finalmente in grado di produrre cibo per i diversi gruppi sociali urbani – tornare a essere una risorsa fondamentale per le grandi aree metropolitane.

This is a scenario which requires a strict reduction in the consumption of natural and agricultural soil produced by the continuous horizontal extension of urban areas with low building density, and that makes it increasingly difficult for local governments to deal with the social, economic and environmental costs of large city management.

ANTI-SPRAWL DEVICE * P. 52

In this scenario, the design of small high density "vertical cities" featuring an intensity of life that reduces the cost of managing energy and transport services by proposing a new balance between the urban, agricultural and natural spheres can become a significant opportunity.

But to combine the density given by a vertical growth of buildings and the biodiversity resulting from a new balance between nature and city, urban planning is not enough. The visions that generated large scale transformation processes of territories and areas were able to combine large scale city planning and perspective with the creation

REPLICABILITY * P. 92

of individual and timely architectural devices, repeated throughout the territory. So in the same way that the single family house with garden a century ago was the elementary module as expressed in Ebenezer Howard's Garden Cities scenario, the tree-tower or "vertical forest" could become in the coming years the device – repeated

BIODIVERSITY * P. 56

with endless variations – that will allow not only to engage ecosystems of biodiversity in the built city environment, but also to create a new form of city: the Urban Forest, a City/Forest where architecture neither binds nor restricts nature, but instead accepts it as an original component part.

Uno scenario che impone una rigida riduzione del consumo di suolo naturale e agricolo prodotto dalla continua estensione orizzontale di aree urbane a bassa densità edilizia. E che rende sempre più difficile per i governi locali affrontare i costi sociali, economici e ambientali di gestione delle grandi metropoli.

DISPOSITIVO ANTI-SPRAWL * P. 52

In questo scenario, il progetto di piccole "città verticali" ad alta densità e intensità di vita, che riducano i costi di gestione dei servizi energetici e di trasporto proponendo un nuovo equilibrio tra sfera urbana, sfera agricola e sfera naturale, può diventare un'opportunità importante.

Ma per unire la densità data da una crescita verticale degli edifici e la biodiversità data da un nuovo equilibrio tra natura e città, non basta un progetto urbanistico. Le visioni che hanno generato i grandi processi di trasformazione del territorio hanno saputo unire una prospettiva urbanistica e su larga scala alla realizzazione

REPLICABILITÀ * P. 92

di dispositivi architettonici individuali e puntuali, ripetuti nel territorio.

Così come la casa unifamiliare con giardino è stato un secolo fa il modulo elementare e declinato dello scenario delle Garden Cities di Ebenezer Howard, la torre alberata o "bosco verticale" potrebbe nei prossimi anni diventare il dispositivo che – ripetuto con infinite variazioni – ci consentirà non solo di innestare ecosistemi di biodiversità

BIODIVERSITÀ * P. 56

nella città costruita, ma anche di dar vita a una nuova forma di città: la Foresta Urbana. Città/Foresta dove l'architettura non cinge o presidia la natura, ma la accoglie come una sua componente originaria.

seven

In 1982 in front of the Fridericianum Museum in Kassel the German artist Joseph
BEUYS, JOSEPH * P. 54
Beuys built a triangle of 7,000 basalt stones, each of which was intended to be used

for the planting of a tree.

Anyone paying a sum of money, could "adopt" one of the seven thousand stones;

the money raised would be used to plant an oak tree.

So, day after day, the pile of stones diminished until it finally disappeared, and seven

thousand new oak trees, each with one of the basalt stones at its base, appeared along

the streets and avenues and in the squares of the city of Kassel.
HUNDERTWASSER, FRIEDENSREICH * P. 78
Like Friedensreich Hundertwasser, like the Florentine architects of the radical
BASIC RADICALITY * P. 54
movement, Joseph Beuys showed us the great challenge of the coming decades:
DEMINERALIZATION * P. 65
transforming rocks into trees means in fact transforming houses and streets into

places inhabited by thousands of living species. It means imagining an architecture

that does not "host" or "fence off" portions of nature, but which is created together

with nature itself.

It means learning to live with trees, with their presence and their speed of growth,

and with their extraordinary capacity, even in the most polluted and congested areas

of the urban world, of accommodating and giving life to a wealth of species.

sette

BEUYS, JOSEPH * P. 55

Nel 1982 l'artista tedesco Joseph Beuys accumulò davanti al Museo Federiciano

di Kassel un triangolo formato da 7.000 pietre di basalto.

Ognuna di quelle pietre doveva servire a piantare un albero.

Chiunque, versando una somma di denaro, poteva "adottare" una di quelle settemila

pietre; la somma ricavata sarebbe servita a piantare una quercia.

Così, giorno dopo giorno, il mucchio di pietre andò riducendosi fino a scomparire,

e settemila nuove querce, con alla base una di quelle pietre di basalto, comparvero

nelle strade, nelle piazze, nei viali della città di Kassel.

HUNDERTWASSER, FRIEDENSREICH * P. 78

Come Friedensreich Hundertwasser, come gli architetti fiorentini del movimento

RADICALITÀ BASICA * P. 54

radicale, Joseph Beuys ci ha indicato la grande sfida dei prossimi decenni:

DEMINERALIZZAZIONE * P. 66

trasformare le rocce in alberi significa infatti trasformare le case e le strade in luoghi

abitati da migliaia di specie viventi. Significa immaginare un'architettura che non

"ospiti" o "recinti" porzioni di natura, ma che nasca insieme con la natura stessa.

Significa imparare a convivere con gli alberi, con la loro presenza e i loro ritmi di

crescita, e con la loro straordinaria capacità di ospitare e far vivere, anche nelle zone

più inquinate e congestionate del mondo urbano, la ricchezza delle specie viventi.

tales from the

by / di stefano boeri

vertical forest /

illustrations by / illustrazioni di

storie dal bosco

Zosia Dzierżawska

verticale

The Parrots, the Smiths and the Strawberry tree

The first one arrived a year ago, with the orange breast and the black beak, then the others arrived. The Smiths' big Strawberry tree, on the 20th floor, is their living room. They meet there every day, especially in Autumn, and they talk, they talk; they have long conversations among the orange berries and the red flowers. The young Smiths, Luis and Linda, have given them names and they invent stories about them: Lucino, the one with the violet feathers, escaped from a bird shop. Lorella comes from the balcony on the third floor. Piero, the one with the yellow crest, the most talkative of all, from the parish church courtyard. Gina, beautiful and restless, from a faraway part of Milan. They were all in cages and now they are free. A flying family. With a thousand colours.

I Pappagalli, gli Smith
e il Corbezzolo

Il primo era arrivato un anno fa, con il petto
arancione e il becco nero. Poi sono arrivati
gli altri. Il grande Corbezzolo degli Smith,
al ventesimo piano, è il loro salotto.
Lì si incontrano, ogni giorno, soprattutto in
autunno. E parlano, parlano; si intrattengono
in lunghe conversazioni, tra le bacche
arancioni e i fiori rossi. Luis e Linda,
i giovani Smith, li chiamano ormai per
nome e inventano storie: Lucino, quello con
le piume viola, è scappato da un negozio di
uccelli. Lorella arriva dal balcone del terzo
piano. Piero dalla cresta gialla, il più loquace
di tutti, dal cortile della parrocchia.
Gina, bellissima e inquieta, da un quartiere
lontano di Milano. Tutti stavano in gabbia
e oggi sono liberi. Una famiglia volante.
Dai mille colori.

The Crows, the Bulgaronis and the Maple tree

Since we made the nest, everything has changed. Before, there was no way: they didn't want us. And just to keep us away, the Bulgaronis had tried everything; even those silly soft toys they tried to scare us with. But since our nest has been on their balcony, we have become an attraction. Together with Castaldis and Cerettis, who are on the floors above, they watch how our little ones grow. We see them as they look at us, hardly moving the curtains so as not to disturb us when we bring food. Now they have adopted us. We are the subject that has brought three families in the tower together. Without us perhaps they would never have spoken to each other. And every day, under our Maple tree, we find pieces of dry bread and nuts.

Le Cornacchie, i Bulgaroni e l'Acero

Da quando ci abbiamo fatto il nido, è cambiato tutto. Prima non c'era verso: non ci volevano. E pur di tenerci lontani, i Bulgaroni le avevano provate tutte; perfino con quei buffi pupazzi di stoffa con cui credevano di spaventarci. Ma da quando sul loro balcone c'è il nostro nido, siamo diventati un'attrazione. Insieme ai Castaldi e ai Ceretti, che stanno ai piani superiori, seguono la crescita dei nostri piccoli. Li vediamo che ci scrutano, scostando appena le tende per non disturbarci quando portiamo da mangiare. Ormai ci hanno adottati. Siamo l'argomento che unisce tre famiglie di una torre. Senza di noi forse non si sarebbero mai parlati. E ogni giorno, sotto il nostro Acero, troviamo pezzi di pane secco e noci.

The Blackbird, the Evergreen Oak tree and the Longonis

The Longonis, so the next-door neighbours say, never go out. Or maybe they go out at night, using the service lifts. Someone swore they saw her, one cold winter in the street market in via Volturno, going to buy bird cages. Someone else (I think it was Nardozzo's wife) talked about him, kind and shy, at old Parotto's funeral. Some people say they have a house full of birds, that they catch them when they arrive on the big Evergreen Oak tree on the balcony. Some say that they eat them. But there are those who swear by their goodness and instead talk about the old Blackbird that the Longonis looked after. He arrived in a sorry state and today he's become a part of the family. He knows everything. But sitting on the highest branch day after day he sings his tunes, hiding his secret.

Il Merlo, il Leccio e i Longoni

I Longoni, così dicono i vicini di pianerottolo, non escono mai. O forse escono di notte, usando gli ascensori di servizio. Qualcuno giura di avere visto lei, un freddo inverno al mercato di via Volturno, intenta a comprare gabbie per uccelli. Qualcun altro (credo la moglie del Nardozzo) racconta di lui, gentilissimo e sfuggente, al funerale del vecchio Parotto. C'è chi dice che abbiano la casa piena di uccelli, che li catturino quando arrivano sul grande Leccio del balcone. C'è chi dice che se ne nutrano. Ma c'è anche chi giura invece sulla loro bontà e racconta del vecchio Merlo curato dai Longoni. Era arrivato malconcio e oggi è diventato un pezzo della famiglia. Lui sa tutto. Ma canta melodie standosene sul ramo più alto e, giorno dopo giorno, nasconde il suo segreto.

The Falcon, the Broom bushes and Brambilla

It turns gliding behind the spire and swoops like lightning on balconies in flower. It feeds on sparrows, mice; when things are bad it eats worms. Then it goes back up to the roof among the Broom bushes; looking down at the Park and the city. No one has even seen it up close, except Brambilla who goes up there every month to clean the big terrace on the roof. Perhaps there is complicity between the two. Maybe respect; or mutual fear. But everyone in the area knows the flight of the Falcon in the sky. Clean sinuous lines, then a sudden change of direction and acceleration as it darts between the towers and skyscrapers. A raptor must be frightening. The austere solitude of a Master of the sky.

Il Falcone, le Ginestre, il Brambilla

Svolta planando dietro la guglia e piomba come un fulmine sui balconi fioriti.
Si nutre di passerotti, di topi; quando va male di vermi. Poi torna in alto sul tetto tra le Ginestre; a scrutare il Parco e la città. Nessuno, tranne il Brambilla che ogni mese sale a pulire il grande terrazzo sul tetto, lo ha mai visto da vicino.
Tra i due, forse una complicità. Forse rispetto; o timore reciproco. Ma tutti in zona conoscono le traiettorie del Falcone nel cielo. Linee pulite e sinuose, poi scarti improvvisi e accelerazioni come schegge tra le torri e i grattacieli.
Un rapace deve far paura.
La solitudine austera di un
Padrone del cielo.

The Flying Gardeners

Ugo's always chewing on a bit of gum. Lino
wears a bandanna, and Fausto's got dreadlocks.
Once a year, roughly, they fly around the Forest.
They hang from the edge of the roof on ropes
and drop down jumping between the balconies,
to prune the dead branches, cut away the
untidy leaves, check the health of the trees.
They studied arboricuture and then – who
would have thought it? – they learned to be
Climbers. And there they are now, gardeners
floating in the Milan sky, appearing and
disappearing in the frame of the big windows;
a smile and off they go, down along the trunks
with horizontal moves and vertical lines.
Arboriculturists and climbers, only they have
the consciousness of the richness of life in the
Forest, because through looking after the trees
they have also learned to look at the lives of
people, in a sequence of intimate snapshots:
the furniture, the disorder, paintings and
dishes become clues to a life, the life of a couple,
a family. Clues towards a collective comic
of stories that the flying detectives collect,
watching from outside through the leaves –
the anger, the calm, the boredom, the sex,
the solitude of vertical humanity.
Plant psychoanalysis.

I Giardinieri Volanti

Ugo mastica sempre una cicca. Lino
ha il foulard. Fausto i dreads. Una
volta l'anno, all'incirca, volano
attorno al Bosco. Si appendono con
le funi al bordo del tetto e si calano
saltando tra i balconi, per potare
i rami secchi, ridurre le fronde
troppo sbilanciate, controllare
la salute degli alberi. Hanno studiato
arboricoltura e poi – chi lo avrebbe mai
detto? – imparato a fare i Climber. Ed eccoli
lì, giardinieri fluttuanti nel cielo di Milano,
apparire e scomparire nella cornice delle grandi
finestre; un sorriso e via, scendono lungo
i tronchi per mosse laterali e linee verticali.
Arboricoltori e scalatori hanno, loro soli,
coscienza della ricchezza delle vite nel Bosco.
Perché curando gli alberi hanno imparato anche
a scrutare le vite degli uomini, in una sequenza
di scatti di intimità: l'arredo, il disordine,
i quadri, le stoviglie diventano gli indizi di una
vita, di una coppia, di una famiglia. Indizi per
un fumetto collettivo di storie, che i detective
volanti raccolgono, scrutando – dall'esterno
delle foglie – le ire, la calma, la noia, il sesso,
le solitudini di un'umanità verticale.
Psicanalisi vegetale.

The Swift, the Jasmine and Carletti the accountant

Poor Carletti the accountant, he just couldn't get over his mourning. The vegetable garden under the big maple tree had become a jungle; and he... well he never left the house. It was Rovetti's daughters who worked the miracle, along with their girlfriends on the thirteenth floor.
They went to find him a few days before the Summer Solstice and, quite unrepentant, they invited him to a balcony concert on the family terrace. He arrived wearing a blue shirt and flared trousers, and embarrassed and chatty, he never stopped smiling all evening.
Who knows if it's true what they say about the Rovetti girls, that they're strange and beautiful and love birds. It seems that once they found a Swift on the terrace. They knew it had come from far away and that it could not fly off again on its own. So they put it on the outside edge of the big balcony, beyond the Jasmine leaves and pushed it out into space. Sometimes, but only sometimes, you just need a little push.

Il Rondone, il Gelsomino e il ragionier Carletti

Non ce la faceva più a riprendersi dal lutto, il ragionier Carletti. L'orticello sotto il grande acero campestre era diventato un rovo; e lui... beh lui se ne stava sempre in casa. A fare il miracolo sono state le figlie dei Rovetti, con le loro amiche del tredicesimo piano. Sono andate a trovarlo qualche giorno prima del Solistizio d'estate e, impenitenti, lo hanno invitato al concerto da balcone, sul terrazzo di famiglia. Lui si è presentato con una camicia celeste e i pantaloni a zampa. Imbarazzato e ciarliero. E non ha smesso di sorridere, per tutta la serata. Chissà se è vero quello che si dice sulle ragazze Rovetti. Che sono strane e bellissime e che amano i volatili. Sembra che una volta abbiano trovato un Rondone sul terrazzo. Sapevano che veniva da lontanissimo e che non avrebbe saputo spiccare il volo da solo. Così lo hanno appoggiato sul bordo esterno del grande balcone, oltre le fronde del Gelsomino, e lo hanno spinto nel vuoto. A volte, ma solo certe volte, basta una piccola spinta.

Bozzolo brothers' seeds

"It must have been that bitch in the other
tower… that one who never stops watching us.
Or the doorkeeper, with his snotty attitude.
Or who knows, maybe some damn tourist,
with his cretinous bird-watchers telescope.
Me, I told you we shouldn't let it grow so
much, that if it went over the edge of the
balcony there'd be trouble, that at least we
should have cut it a bit. But you, you're so
damn pig-headed. And irresponsible, too.
That's you all over. Now what do we do?
I told him I didn't know anything, that maybe
it was the gardeners, or the seeds flew here
from another balcony, and that in any case
we'd get rid of them straightaway. But them,
they didn't seem convinced. And threatening
as well. And the next-door neighbours saw
them come in, in uniform, and who knows
what they thought… Well, shit, deep down
they were laughing too. Maybe it would be
enough to offer them some leaves, and a bit of
a smile, what do you reckon? Anyway, it's all
your fault. You said, a hundred meters up, it
wouldn't grow. Well… now it's a forest…
What the hell do we do? I know:
let's switch to hortensias!"

I semi dei fratelli Bozzolo

"Sarà stata quella stronza dell'altra torre…
che non smetteva di guardarci. O il custode,
con quell'aria così per bene. O chissà, magari
qualche dannato turista, col suo bel canocchiale
da bird watcher rincoglionito. Io, io ti avevo detto
che non bisognava lasciarla crescere così tanto, che
se sbordava dal balcone era un guaio. Che almeno
andava tagliata. Ma tu, tu sei un dannato testone.
E anche incosciente. E ti sta bene. Adesso che
facciamo? Io gli ho detto che non ne sapevo nulla,
che magari sono stati i giardinieri, o che i semi sono
volati qui da un altro balcone, e che comunque
la togliamo subito. Ma quelli, quelli mi sono
sembrati poco convinti. E minacciosi.
E i vicini di pianerottolo li hanno visti entrare,
in divisa, e chissà cosa hanno pensato..
Eppure, cazzo, sotto sotto se la
ridevano anche loro. Magari
bastava offrirgliene qualche foglia,
con un sorriso. Che dici? Comunque
è colpa tua. Dicevi che, a cento
metri, non sarebbe cresciuta. Beh…
adesso è una foresta… Che
cazzo facciamo? Lo so io:
passiamo alle ortensie!"

ILLUSTRATED DICTIONARY OF THE VERTICAL FOREST IN 100 ITEMS

edited by Guido Musante

DIZIONARIO ILLUSTRATO DEL BOSCO VERTICALE IN 100 VOCI

a cura di Guido Musante

Ambasz, Emilio An Argentine architect, Emilio Ambasz (Resistencia, Chaco, June 13th 1943) is one of the forerunners of so-called "green architecture" and in some ways of the vision encapsulated in the Vertical Forest. Ambasz's design approach, described by himself as "green on grey", involves the use of large roof gardens and green roofs: elements of a neo-natural landscape as opposed to the built urban landscape. His architectural manifesto is ACROS (Asian Cross-Roads Over the Sea), a multifunctional complex located in the Tenjin district of Fukuoka, Japan. Opened in April 1995, the ACROS is typified by its south façade, punctuated by a series of terraced gardens and covered by dense vegetation. Initially, the complex housed 76 different plant species, giving a total of approximately 35,000 plants; with the passing of time, birds and the elements have helped to increase its biodiversity, introducing seeds of new species into the micro-ecosystem and bringing to 120 the number of varieties, as well as a total of 50,000 plants present today.

>> see Basic radicality

Ambasz, Emilio Architetto argentino, Emilio Ambasz (Resistencia, Chaco, 13 giugno 1943) è uno dei precursori della cosiddetta "green architecture" e per certi versi della visione condensata nel Bosco Verticale. L'approccio progettuale di Ambasz, da egli definito "verde su grigio", prevede l'uso di ampi giardini pensili e tetti verdi: brani di un paesaggio neo-naturale contrapposto al paesaggio urbano costruito. Il manifesto architettonico di Ambasz è l'ACROS (Asian CrossRoads Over the Sea), un complesso polifunzionale situato nel quartiere Tenjin di Fukuoka, in Giappone. Inaugurato nell'aprile 1995, l'ACROS è caratterizzato dalla facciata a sud, scandita da una serie di giardini terrazzati, coperti da una fitta vegetazione. Inizialmente il complesso ospitava 76 diverse specie vegetali, per un totale di circa 35.000 piante; con il trascorrere del tempo gli uccelli e gli agenti atmosferici hanno contribuito ad aumentare la biodiversità, introducendo nel micro ecosistema semi di nuove specie e portando a 120 le varietà e a 50.000 il totale delle piante oggi presenti.

>> vedi Radicalità basica

Anchor system The presence in the Vertical Forest of trees planted at great heights involves the study of specific security solutions for the inhabitants and users of the public spaces below. The first Vertical Forest, created in Milan's Porta Nuova, is provided with an anchor system of trees based on three levels of protection:
• a temporary security device: all medium and large trees are anchored to a horizontal frame of tubular elements fixed to the bottom of the pots by means of security straps holding the turf, which prevent the tilting of the trunk away from its turf and potential exit from the pot;
• a base fixing device: all medium and large trees are fixed via three straps to an aerial steel restraining cable anchored to the floor of the terrace above, which is designed to prevent the falling of the tree in unexpected extreme conditions, such as the breaking of the trunk, and which is able to adapt to the growth of the plant over time;
• a redundant safety device: trees subjected to the worst environmental conditions – such as a wind speed higher than that allowed for in the design – are equipped with a steel basket designed to bind the turf to the concrete structure. The system consists of two cross-members, bound to the upper elements of the

vertical frames, which physically prevent the escape
of the root-ball and turf from the pot.

>> see Wind tunnel, Structure, Pots

Sistema di ancoraggio   La presenza nel Bosco Verticale di alberi posti a grandi altezze implica lo studio
di specifiche soluzioni di sicurezza per gli abitanti e per
gli utenti degli spazi pubblici sottostanti. Il primo Bosco Verticale, realizzato a Milano Porta Nuova, è dotato di un sistema di ancoraggio degli alberi basato su tre
livelli di protezione:
• un dispositivo di vincolo temporaneo: tutti gli alberi
medi e grandi sono ancorati a un telaio orizzontale di
elementi tubolari fissato al fondo delle vasche mediante cinghie di vincolo della zolla radicale, che impediscono il ribaltamento dell'albero solidale alla sua zolla
e la potenziale fuoriuscita dalla vasca;
• un dispositivo di vincolo di base: tutti gli alberi medi
e grandi sono fissati, mediante tre cinghie, a una fune
aerea d'acciaio di ritenuta, ancorata al solaio del terrazzo soprastante, atto a evitare la caduta dell'albero
in condizioni estreme e impreviste, come la rottura
del fusto, e capace di adattarsi alla crescita della pianta nel tempo;
• un dispositivo di vincolo ridondante: gli alberi sog-
getti alle peggiori condizioni ambientali – come per
esempio una velocità del vento attesa superiore a quel-

la di progetto – sono dotati di una cesta d'acciaio atta
a vincolare la zolla alla struttura in cemento armato.
Il sistema è costituito da due traversi, vincolati agli elementi superiori dei telai verticali, che impediscono fi-
sicamente la fuoriuscita della zolla radicale dalla vasca.

>> vedi Galleria del vento, Struttura, Vasche

(Anti-) anticity   The level of proximity and compli-
cation between the spaces that the presence of nature
helps to create within the Vertical Forest can generate forms of forced interaction and effects of open socialization – the exchange of knowledge, unexpected
examples of altruism – that turn out in many cases to
be the opposite of those usually created in the sprawl
of suburban landscapes, or the so-called "anticity"
(cf. Stefano Boeri, *Anticittà*, Laterza, Bari, 2011).
While the model of the anticity is composed of a myri-
ad small closed systems, one set alongside another yet
not communicating, the model of the city condensed
in the Vertical Forest is based on a number of different
systems, set in highly dense conditions which interact
continuously and with a high rate of variation.

>> see Anti-sprawl device, Boundaries

(Anti-) anticittà   Il tipo di prossimità e di compli-
cazione tra gli spazi che la presenza della natura contribuisce a costruire all'interno del Bosco Verticale
può generare forme di interazione forzata ed effetti di
socializzazione aperta – scambi di conoscenze, forme
inusitate di altruismo –, che risultano per molti versi
opposti a quelli che si formano usualmente nel paesaggio suburbano dello sprawl, o della cosiddetta anticittà
(cfr. Stefano Boeri, *Anticittà*, Laterza, Bari, 2011).
Mentre il modello dell'anticittà è composto da una mi-
riade di piccoli sistemi chiusi, l'uno affiancato all'altro
e non comunicanti, il modello della città condensato
nel Bosco Verticale si basa su una serie di sistemi diversi, posti in condizioni di alta densità, che interagiscono
di continuo e con un alto tasso di variazione.

>> vedi Dispositivo anti-sprawl, Confini

Anti-sprawl device Right from its earliest conception, the Vertical Forest has attempted to give substance to the hypothesis that it should be possible to create houses in dense and central city areas with the same relationship of intimacy and proximity to greenery that characterizes life in suburban areas and in the country. Developed on this basis, the Vertical Forest design aims to transpose onto a central metropolitan area lifestyles and ways of life that are typically found in individual houses and cottages, widely distributed throughout the outskirts of Italian and European cities or in more general terms, the areas of the so-called "sprawl". Assessed in terms of urban density, each tower of the Vertical Forest is equivalent to an expansion area of single-family homes of about 50,000 square metres of surface area. The height development of the buildings was determined by the need to leave as large as possible an area of land free to be used as a park and public space. As a 21st century urbanization experiment, the Vertical Forest is intended as an anti-sprawl solution, that is, able to induce the abandonment of forms of urban sprawl that have defined the twentieth century and which have produced cities that often lack quality and identity.

>> see (Anti-) anticity, Boundaries, Densification, Urban traffic

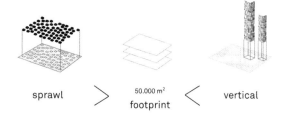

sprawl   >   50.000 m² footprint   <   vertical

Dispositivo anti-sprawl Fin dal suo primo concepimento, il Bosco Verticale tenta di dare corpo all'ipotesi che possa essere possibile realizzare nella zone dense e centrali delle città case dotate della stessa relazione di intimità e prossimità con il verde che caratterizza l'abitare nelle zone suburbane e nelle campagne. Sviluppato su tali basi, il progetto del Bosco Verticale si pone l'obiettivo di trasporre in un'area centrale metropolitana modi di vivere e di abitare che tipicamente si realizzano nelle case singole e nelle villette, largamente diffuse nelle periferie delle città italiane ed europee o, in termini più estesi, nelle aree del cosiddetto "sprawl". Valutata in termini di densità urbana, ogni torre del Bosco Verticale è equivalente a una zona di espansione di case monofamigliari pari a circa 50.000 metri quadrati di superficie. Lo sviluppo in altezza degli edifici è stato determinato dalla necessità di lasciare libera una porzione di suolo a terra più ampia possibile, da destinare a parco e a spazio pubblico. Esperimento di urbanizzazione del Ventunesimo secolo, il Bosco Verticale si propone come dispositivo anti-sprawl, capace cioè di indurre ad abbandonare le forme della diffusione urbana che hanno caratterizzato il Ventesimo secolo e che hanno prodotto una città spesso priva di qualità e di identità.

>> vedi (Anti-) anticittà, Confini, Densificazione, Traffico urbano

Balconies From an architectural standpoint, the balconies are the most important element of the Vertical Forest. Balconies integrate pots that house plant species, they provide the ideal environment for the

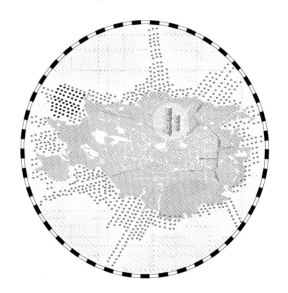

formation of microhabitats, they constitute the extension space for the lived internal areas and meetings points between human and animal and plant life. If metaphorically equating the Vertical Forest building to a large tree, the balconies can be considered to constitute the branches. In the first Vertical Forest created in Milan the balconies have three basic characteristics, all interconnected: the location for plants pots set along the edges (integral with the parapets), the significant overhanging over the edge of the façade, and a mutual staggering or offsetting. Interestingly, this last feature wasn't part of the early versions of the project, which allowed for balconies on each floor that extended in continuous strips along the whole width of the façade. The initial solution was then replaced by one based on staggered balconies, each different from another in linear development along the façades and variously distributed on the different floors. This version, which eventually proved to be the definitive one, resulted in a series of different intermediate levels from balcony to balcony – single, double or even triple –, which was useful for the grafting of plants with heights up to nine metres. The most obvious consequences of this design choice can be seen not only in the highly dynamic design, as perceived from the façades, but also in the influence established in the perception of the "boundary" between one balcony and another. The second important feature of the balconies of the Milan Porta Nuova Vertical Forest is their major overhang over the front edge of the façade. In their final configuration, they all extend out for a distance of 3 metres and 25 centimeters. This solution has allowed an expansion of the inhabited spaces in the open air and at the same time the creation of plant pots with a greater depth (up to 110 centimeters). The overall surface of the balconies is approximately 8,900 square meters.

>> see Colours, Boundaries, Three-dimensional façade, Big tree, Structures, Soil, Pots

Balconi   Dal punto di vista architettonico, i balconi sono l'elemento più importante del Bosco Verticale. I balconi integrano le vasche che ospitano le specie vegetali, si offrono come ambiente ideale per la formazione di microhabitat, costituiscono lo spazio di estensione degli interni abitati e di incontro tra vita umana e vita animale e vegetale. Equiparando in forma metaforica l'edificio del Bosco Verticale a un grande albero, si può assumere che i balconi costituiscano di questo i rami. Nel primo Bosco Verticale realizzato a Milano i balconi sono dotati di tre caratteristiche fondamentali, tra loro interconnesse: la collocazione delle vasche per le piante lungo i bordi perimetrali (integrate ai parapetti), l'importante sbalzo rispetto al filo-facciata, il reciproco sfalsamento. Interessante notare che quest'ultima caratteristica non apparteneva alle prime versioni del progetto, che prevedevano su ogni piano balconi a fasce continue, estesi per tutta la larghezza della facciata. L'iniziale soluzione è stata in seguito sostituita da una basata su balconi sfalsati, differenti tra loro nello sviluppo lineare lungo le facciate e variamente distribuiti ai diversi piani. Questa versione, poi risultata definitiva, ha permesso di ottenere interpiani diversi tra balcone e balcone – singoli, doppi o anche tripli –, funzionali all'innesto di piante con altezze fino a nove metri. Le conseguenze più evidenti di tale scelta progettuale non vanno ricercate solo nel disegno, molto dinamico, assunto dalle facciate, ma anche nell'influenza determinata nella percezione del "limite" tra balcone e balcone. La seconda caratteristica rilevante dei balconi del Bosco Verticale di Milano Porta Nuova è il loro importante sbalzo dal filo facciata. Nella loro configurazione ultima, sporgono tutti di una profondità totale di 3 metri e 25 centimetri. Tale soluzione ha permesso di ampliare gli spazi abitati all'aria aperta e nello stesso tempo di realizzare vasche di contenimento delle piante con una profondità maggiore (fino a 110 centimetri). La superficie complessiva dei balconi è pari a circa 8.900 metri quadri.

>> vedi Colori, Confini, Facciata tridimensionale, Grande albero, Struttura, Terreno, Vasche

Basic radicality The Vertical Forest harks back to design images and principles related to radical ecological thinking from the 1960s on, (among them those by authors such as Gianni Pettena, Friedensreich Hundertwasser, the Site group and Emilio Ambasz). Like the radical non-anthropocentric visions, and as opposed to the demands of the Modern Movement, in the Vertical Forest, green is not "domesticated" by architecture, but rather an element that "relativizes" or adds a sense of proportion to the project, or even – in metaphorical terms – "corrodes" it. However, unlike what was frequently seen in radical architecture, in this case the process of conceptual reversal does not take on extreme forms. In the Vertical Forest architecture is certainly present in second place to plant life, but this is in a non-emphasized, even basic style.

>> see Ambasz, Mute architecture, Beuys, Biodiversity, Hundertwasser, Sustainability

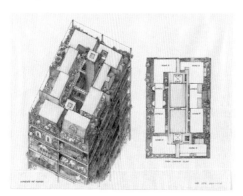

Radicalità basica Il Bosco Verticale può richiamare principi e immagini progettuali riconducibili al pensiero ecologico radicale a partire dagli anni Sessanta (tra queste quelle realizzate da autori come Gianni Pettena, Friedensreich Hundertwasser, gruppo Site, Emilio Ambasz). Analogamente alle visioni radicali non antropocentriche, e in maniera opposta all'impostazione del Movimento Moderno, nel Bosco Verticale il verde non è "addomesticato" all'architettura, ma è piuttosto un elemento che "relativizza" il gesto di progetto, o addirittura – in termini metaforici – lo "corrode". Tuttavia, a differenza di quanto osservato molto spesso nell'architettura radicale, in questo caso il processo di ribaltamento concettuale non assume forme estreme. Nel Bosco Verticale l'architettura si pone, sì, in secondo piano rispetto alla vita vegetale, ma ciò avviene in maniera non enfatizzata, basica.

>> vedi Ambasz, Architettura muta, Beuys, Biodiversità, Hundertwasser, Sostenibilità

Beuys, Joseph Joseph Beuys (Krefeld, 12th May 1921 – Düsseldorf, 23rd January 1986) was a German painter, sculptor and artist. His work anticipates some of the themes architecturally interpreted by the Vertical Forest. In Beuys' vision, the act of planting trees becomes a collective and founding ritual, capable of evoking the deeper meanings of the relationship between man and nature. In 1972 in the small village of Bolognano (Pescara) in Italy, Beuys started a series of initiatives in which artistic, political and ecological themes were intertwined, and this is how the Foundation Institute for Revival of Agriculture (1976) and the *Piantagione Paradise* (Paradise Plantation) came about, with the planting of 7,000 trees for the restoration of biodiversity (1982). All of these ventures were part of the *Difesa della natura* operation which continued with various projects until 1985. One of these in 1982 was *7,000 Eichen* (7,000 oaks), created to mark the seventh edition of the documenta exhibition in the German town of Kassel. The work consists of a large triangle, set in front of the Fridericianum Museum and which comprises 7,000 basalt stones, each of which can be "adopted" by a potential buyer. The progressive replacement of the stones by trees came to mean a gentle collective alchemy, which would establish a deep symbiosis between trees, people and cities.

>> see Biodiversity, Humans

Beuys, Joseph Joseph Beuys (Krefeld, 12 maggio 1921 - Düsseldorf, 23 gennaio 1986) è stato un pittore, scultore e artista tedesco. La sua azione anticipa alcune delle tematiche interpretate in chiave architettonica dal Bosco Verticale. Nella visione di Beuys, l'atto di piantare alberi assurge a rito collettivo e fondativo, capace di rievocare i significati più profondi del rapporto uomo-natura. A partire dal 1972 Beuys avvia in Italia, nel piccolo borgo di Bolognano (Pescara), una serie di iniziative in cui si intrecciano tematiche artistiche,

politiche ed ecologiche. Nascono così la Fondazione dell'Istituto per la Rinascita dell'Agricoltura (1976) e la *Piantagione Paradise*, con la messa a dimora di 7.000 piante per il ripristino della biodiversità (1982). L'insieme di questi lavori dà corpo all'operazione *Difesa della natura*, che proseguirà articolandosi in vari progetti fino al 1985. Tra questi è compreso, nel 1982, *7.000 Eichen* (7.000 querce), realizzato in occasione della settima edizione dell'esposizione documenta, nella cittadina tedesca di Kassel. L'opera è costituita da un grande triangolo, sito davanti al Museo Federiciano, composto da 7.000 pietre di basalto, ognuna delle quali "adottabile" da un potenziale acquirente. La progressiva sostituzione delle pietre in alberi ha assunto il significato di una lenta alchimia collettiva, atta a stabilire una profonda simbiosi fra alberi, uomini e città.

>> vedi Biodiversità, Umani

Big tree In metaphorical and conceptual terms, the Vertical Forest can be compared to a big tree, where the balconies are the branches, all the plant species are the leaves, the central body of the building is the trunk and the roots are water supply systems. On the one hand the metaphor of the big inhabited tree sums up the character of the architecture of biodiversity in which the Vertical Forest is the "bearer", while on the other hand it refers to an imagery that has been widely looked at in the literature of fantasy and fable (think for example of the *Peter Pan* of James Matthew Barrie, *The Baron in the Trees* by Italo Calvino or *Midworld* by Alan Dean Foster).

>> see Balconies, Colours, The Baron in the Trees

Grande albero In termini metaforici e concettuali, il Bosco Verticale può essere equiparato a un grande albero, del quale i balconi costituiscono i rami, l'insieme delle specie vegetali le foglie, il corpo centrale dell'edificio il tronco e i sistemi di approvvigionamento idrico le radici. La metafora del grande albero abitato, da un lato sintetizza il carattere di architettura della biodi-

55

versità di cui il Bosco Verticale si fa portatore, dall'altro rinvia a un immaginario ampiamente trattato nella letteratura fantastica e nella favolistica (si pensi, ad esempio, al *Peter Pan* di James Matthew Barrie, al *Barone rampante* di Italo Calvino o a *Midworld*, di Alan Dean Foster).

>> vedi Balconi, Colori, Il barone rampante

Biodiversity (graft of) The Vertical Forest is a graft of biodiversity onto the built city environment. Its presence creates an urban ecosystem – mineral and mixed – in which different types of vegetation create a habitat that can be colonized by birds and insects, and that can become a focal centre of attraction and a symbol of spontaneous re-colonization of the city by plant and animal life. The various types of green in the Vertical Forest – tree, shrub, suspended lawns, vertical green connections between the arboreal centres – give life to an environment able to support rupicolous (rock or wall-dwelling) bird species (like redstarts or kestrels) and/or other species (such as tits, goldfinches and turtledoves), terrestrial vertebrates (bats) and insects (such as diptera, spiders, butterflies and certain beetles). The creation of a series of Vertical Forests in an urban setting can generate a network of environmental corridors able to connect with the habitats of urban parks, green spaces, avenues and gardens, the natural vegetation of the city. The terraces and roofs of the first Vertical Forest created in Milan are dedicated microhabitats and the site for a programme of targeted interventions aimed at the supporting of animal life, the installation of artificial nests, the planting of host plants and the placing of feeders suitable for providing nourishment for certain species (while avoiding attracting unwanted species). All these activities are subject to monitoring and data collection for scientific observations. Among the main objectives of the study group for biodiversity active in the Milan Porta Nuova Vertical Forest is a series of activities in support of

meta-populations of pollinators such as bumblebees and solitary bees: species that from the 1950s onwards in Italy have been subject to a drastic decline. The programme has been followed through the installation of artificial nests and the grafting of plant species suitable for supporting the habitat of insects and which have flowering periods that last as long as possible throughout the productive season.

>> see Urban forest, Continuous cities, Mineral cities, Ladybugs/ladybirds, Densification, Changing landmarks, Sustainability, Plant species

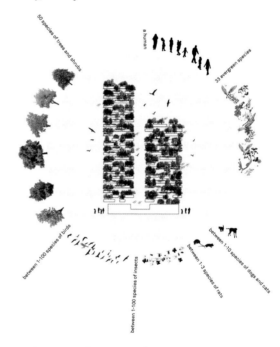

Biodiversità (innesto di) Il Bosco Verticale è un innesto di biodiversità nella città costruita. La sua presenza genera un ecosistema urbano – minerale e misto – nel quale diversi tipi di vegetazione creano un habitat che può essere colonizzato da uccelli e insetti, e che può trasformarsi in un polo di attrazione e in un simbolo della ricolonizzazione spontanea della città da parte della vita animale e vegetale. Le varie tipologie di verde presenti nel Bosco Verticale – arboreo, arbustivo, prati pensili, verde di connessione verticale tra i nuclei arborei – danno vita a un ambiente atto ad ospitare una fauna di uccelli di specie rupicole (come codirosso o gheppio) e/o di altre specie (come cince, cardellini, tortore), di vertebrati terrestri (pipistrelli), di insetti (come ditteri, ragni, farfalle e alcuni coleotteri). La realizzazione di una sequenza di Boschi Verticali in una realtà urbana può generare una rete di corridoi ambientali in grado di connettersi con gli habitat dei parchi urbani, degli spazi verdi, dei viali e giardini, della vegetazione spontanea della città. I terrazzi e le coperture del primo Bosco Verticale realizzato a Milano sono microhabitat dedicati, e luogo di un programma di interventi mirati atti al sostegno della vita animale, l'installazione di nidi artificiali, la messa a dimora di piante ospiti, il posizionamento di mangiatoie adatte per alimentare determinate specie (evitando di attirare specie indesiderate). L'insieme di tali attività è soggetto a monitoraggio e raccolta dati per osservazioni scientifiche. Tra i principali obiettivi del gruppo di studio per la biodiversità attivo sul Bosco Verticale di Milano Porta Nuova, una serie di azioni di sostegno di meta-popolazioni di insetti impollinatori, come bombi e api solitarie: specie che in Italia dagli anni Cinquanta in poi sono state soggette a un drastico declino. Il programma è stato perseguito attraverso l'installazione di nidi artificiali e l'innesto di specie vegetali adatte a sostenere l'habitat degli insetti e dotate di periodi di fioritura estesi il più possibile lungo tutto l'arco della stagione vegetativa.

>> vedi Foresta urbana, Città Continua, Città minerale, Coccinelle, Densificazione, Landmark cangiante, Sostenibilità, Specie vegetali

Blackbird [*Turdus merula*] A bird of the *Turdidae* family found all over Europe (with the exception of northern Scandinavia), Asia and northwest Africa. In northern areas during the winter it migrates to warmer climes, while in temperate zones it can be found all year round. Its favoured habitat is the forest, but it can adapt to live in other environments, such as orchards and vineyards

or even urban areas in close contact with man. It has the ability to easily learn any melody and then repeat it ad nauseam. It sometimes happens that two distant blackbirds produce alternate sounds, singing different phrases without one interrupting the other.

Merlo [*Turdus merula*] Uccello della famiglia dei *Turdidi* diffuso in tutto il territorio europeo (a esclusione della Scandinavia settentrionale), in Asia, in Africa nord-occidentale. Nelle aree settentrionali durante l'inverno si trasferisce in climi più caldi, mentre nelle zone temperate è presente tutto l'anno. Elegge come proprio habitat privilegiato il bosco, ma si adatta a vivere in altri ambienti, come frutteti e vigneti o anche aree urbane, a contatto ravvicinato con l'uomo. Ha la capacità di imparare con facilità qualsiasi melodia, per poi ripeterla fino alla noia. Può accadere che due merli in lontananza alternino le emissioni sonore, cantando frasi differenti senza sovrapporsi.

57

Blackcap [*Sylvia Atricapilla*] A sedentary passerine bird of the *Sylviidae* family, characterized by a strong body and grey plumage. The populations found in the northern and central European areas winter in southern Europe and North Africa, where there are also local populations. In recent years a number of specimens from Central Europe have developed the habit of wintering in the gardens of southern England and Scandinavia: it is assumed that the availability of food and the possibility of avoiding migration over the Alps have prevailed over the presence of a less than optimal climate. It prefers shady woodlands with ground cover for nesting.

Capinera [*Sylvia Atricapilla***]** Uccello passeriforme stanziale della famiglia *Sylviidae*, caratterizzato dal corpo robusto e dal piumaggio grigio. Le popolazioni della fascia settentrionale e centrale europea svernano in Europa meridionale e in Africa settentrionale, dove sono presenti anche popolazioni locali. Negli anni recenti è stata osservata l'abitudine di un certo numero di esemplari dell'Europa centrale di svernare nei giardini dell'Inghilterra meridionale e della Scandinavia: è stato supposto che la disponibilità di cibo e la possibilità di evitare la migrazione attraverso le Alpi abbiano prevalso sulla presenza di un clima sub-ottimale. Predilige gli ambienti boschivi ombrosi con una copertura del terreno per l'annidamento.

Book The *A Vertical Forest* book was originally created as an explanatory scientific manual offering a description, presentation and analysis of the characteristics and meanings of the Vertical Forest, starting from the first example built and opened in Milan in 2014. The justification for the manual comes from the idea of the Vertical Forest as a multidisciplinary experiment, active on several different levels (architectural, urban, social, biological, ethological...): an experiment from which it is hoped to derive procedures, results, applica-

tive possibilities and cultural horizons for the future. The book is also a novel that brings together invented stories and real ideas in an imaginative narrative dimension. Overall, the book presents the Vertical Forest not as a finished architectural object but rather as an open set of processes with the potential to be repeated at other times and in other places.

Libro Il libro *Un Bosco Verticale* nasce come un manuale scientifico e divulgativo per la descrizione, la rappresentazione e l'approfondimento delle caratteristiche e dei significati del Bosco Verticale, a partire dal primo caso realizzato, inaugurato a Milano nel 2014. La figura del manuale deriva dall'assunzione del Bosco Verticale come esperimento multidisciplinare, attivo a più livelli (architettonico, urbano, sociale, biologico, etologico...): esperimento di cui si restituiscono procedure, risultati, possibilità applicative, orizzonti culturali. Il libro è anche un racconto, che raccoglie storie immaginate e suggestioni reali in una dimensione narrativa immaginifica. Nel suo insieme il libro rappresenta il Bosco Verticale non come un oggetto architettonico finito ma piuttosto come un insieme aperto di processi, potenzialmente replicabili in altro tempo e altro luogo.

Boundaries In the Vertical Forest, green is a common good which goes beyond the boundaries established by individual properties. This assumption brings together different aspects of the project. On the one hand, the vertical development makes the flora and fauna of the Vertical Forest an integral part of the urban landscape, which everyone can enjoy. On the other, the connections in environmental terms that develop between the habitat of the Vertical Forest and the surrounding urban green areas help to diminish the sense of limits between "private building" and "public space". This diminishing of the sense of limits can also be found within the Vertical Forest. In the Milan Porta Nuova Vertical Forest the interplay of irregularity between balconies, necessary for the upward growth of the larger trees, has produced two types of potential "invasion" of the space of others: that of more developed plants, and that of the looks or glances of the inhabitants. The combination of these two aspects has blurred the perception of "limit" between one balcony and another, and between one private property and another. The resulting relativization of the sense of intimacy and the change in the dynamics of socialization of the residents constitutes a unique and experimental element of the project. Within the Vertical Forest the traditional ideas and sense of limits in terms of 20th century models of living have been completely outdated.

>> see (Anti-) anticity, Balconies, Anti-sprawl device

Confini Nel Bosco Verticale il verde è un bene comune, che esula dai confini prestabiliti dalle singole proprietà. Tale assunto raggruppa diversi aspetti del progetto. Da un lato, lo sviluppo verticale rende l'apparato vegetale del Bosco Verticale parte integrante del paesaggio urbano, di cui tutti possono usufruire. Dall'altro, le connessioni, in termini ambientali, che si sviluppano tra l'habitat del Bosco Verticale e le aree verdi urbane circostanti contribuiscono a rendere meno definito il senso del limite tra "edificio privato" e "spazio pubblico". Tale rarefazione dell'idea di confine può essere ritrovata anche all'interno del Bosco Verticale. Nel Bosco Verticale di Milano Porta Nuova il gioco degli sfasamenti reciproci dei balconi, funzionale alla crescita verso l'alto degli alberi di maggiori dimensioni, ha prodotto due tipi di potenziale "invasione" dello spazio altrui: quella delle piante più sviluppate, e quella degli sguardi degli abitanti. L'insieme dei due aspetti ha reso sfumata la percezione del "limite" tra un balcone e l'altro, e tra una proprietà privata e l'altra. La conseguente relativizzazione del senso di intimità e la variazione nelle dinamiche di socializzazione degli abitanti costituisce un elemento sperimentale e peculiare del progetto. Nel Bosco Verticale la tradizionale idea di confine legata ai modelli dell'abitare del Ventesimo secolo risulta completamente superata.

>> vedi (Anti-) anticità, Balconi, Dispositivo anti-sprawl

California lilac [*Ceanothus spp.*] Shrub or small tree of the *Rhamnaceae* family, native to North America and especially California. Generally no more than 0.5-3 metres high, it can grow on dry, sunny hills or coastal areas. It is often grown as an ornamental garden plant. Native Americans used the dried leaves as a herbal tea, which was then adopted by settlers as a substitute for black tea.

Lillà della California [*Ceanothus spp.*]   Arbusto o piccolo albero della famiglia delle *Rhamnaceae*, originario del Nord America e in particolare della California. In genere non supera i 0,5-3 metri di altezza e può crescere su terreni asciutti, colline soleggiate o macchie costiere. Spesso viene coltivato come pianta ornamentale da giardino. I nativi americani ne usavano le foglie essiccate come tisana, adottata dai coloni come sostituto del tè nero.

Celentano, Adriano   Adriano Celentano (Milan, January 6th 1938) is an Italian singer, dancer, actor, director, record producer, editor and television presenter. In the lyrics of several of his songs he has explored various issues related to the relationship between man-city and nature. These include a song from 1972, a symbolical anticipation of the poetry of the Vertical Forest: *A tree 30 floors high* (Ouch. I cannot breathe / I feel / that I'm choking a little / I feel my breath going down, / it goes down and doesn't come back up / I only see that / something is / emerging… / maybe it's a tree / yes it's a tree / 30 floors high).

UN ALBERO DI 30 PIANI

Celentano, Adriano   Adriano Celentano (Milano, 6 gennaio 1938) è un cantautore, ballerino, attore, regista, produttore discografico, montatore e conduttore televisivo italiano. Nei testi di diverse sue canzoni ha esplorato tematiche legate al rapporto uomo-città na-

tura. Tra queste un pezzo del 1972, emblematicamente anticipatore della poetica del Bosco Verticale: *Un albero di 30 piani* (Ahia. Non respiro più / mi sento / che soffoco un po' / sento il fiato, che va giù, / va giù e non viene su, / vedo solo che / qualcosa sta / nascendo… / forse è un albero / sì è un albero / di trenta piani).

Chaffinch [*Fringilla Coelebs*]   A small passerine bird of the *Fringillidae* (finch) family widespread throughout Europe, North Africa and Asia. It prefers to live in woods, among scattered trees and bushes, in hedgerows, fields, orchards and wherever there is vegetation. During the winter it often frequents cultivated fields or the outskirts of cities, where it is easier to find food. It is fond of cold climates and is often found in mountain areas. It has a particular song, similar to the sound of a doorbell.

Fringuello [*Fringilla Coelebs*]   Piccolo uccello passeriforme della famiglia *Fringillidae*, è diffuso in Europa, Nord Africa, Asia. Predilige vivere nei boschi, tra alberi sparsi e cespugli, lungo le siepi, nei campi, nei frutteti e ovunque si trovi della vegetazione. Durante l'inverno può spingersi verso i campi coltivati o le periferie delle città, dove è più facile trovare cibo. Amante dei climi freddi, spesso popola le aree montane. Ha un canto particolare, simile al suono di un campanello.

Changing landmark The towers of the Vertical Forest not only offer their inhabitants an extraordinary perspective from within the apartments. Cyclically changing their skin according to the diversity of the plants and their disposition with respect to the sun's axis, the Vertical Forest also offers a changing landscape to city dwellers. The colour elements vary significantly throughout the year: in spring above all the pastel shades stand out, while in autumn and at the end of the growing season the warm colours become more pronounced. The changes in the image of the Vertical Forest are not only due to the change of colours, but also the textures of the solids and voids formed by branches and leaves. The colour display of the first Vertical Forest was defined through a careful selection of the greenery to be planted, primarily horizontal in the shape of shrubs and perennial plants of which there are 94 different species, many of which are native.

>> see Colours, Biodiversity, Plant species

Landmark cangiante Il Bosco Verticale è un forte landmark cangiante, visibile anche a grande distanza. Mutando ciclicamente aspetto in ragione della diversità delle piante e della relativa disposizione rispetto all'asse solare, offre agli abitanti della città la vista di un paesaggio verticale composito e in continuo cambiamento. Le componenti cromatiche variano sensibilmente nell'arco dell'anno: in primavera emergono soprattutto le tonalità pastello, mentre in autunno e alla fine della stagione vegetativa risaltano maggiormente i colori caldi. La mutevolezza nell'immagine del Bosco Verticale non è solo dovuta al cambiamento dei colori, ma anche della tessitura dei pieni e dei vuoti formata dai rami e dalle foglie. L'apparato cromatico del primo Bosco Verticale è stato definito attraverso un'accurata selezione del verde da impiantare, primariamente di quello orizzontale formato dagli arbusti e dalle piante perenni – presenti in 94 specie diverse, di cui molte autoctone.

>> vedi Colori, Biodiversità, Specie vegetali

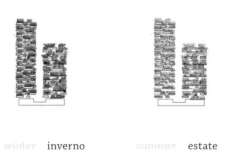

winter **inverno**   summer **estate**

autumn **autunno**   spring **primavera**

Collared dove [*Streptopelia decaocto*] A bird of the *Columbidae* family native to Asia, but widely found in Europe since the 20th century. Its preferred habitat is arid and semi-desert areas with few trees, but in recent years it has become increasingly present in populated areas, especially in urban parks with evergreen trees which provide good shelter.

Tortora dal collare [*Streptopelia decaocto*] Uccello della famiglia dei Columbidi originario dell'Asia, ma largamente diffuso anche in Europa a partire dal XX secolo. Elegge come habitat preferenziale le zone aride e semi-desertiche con rade alberature, ma negli ultimi anni è sempre più presente nelle aree antropizzate, specie nei parchi urbani dotati di alberi sempre verdi, che offrono un buon rifugio.

Colours If observed as a highly complex chromatic system, the Vertical Forest can be described as having two primary components: the floral and faunal elements and the mineral body of the buildings. In the first Vertical Forest the principal colour component of the building is that of the outer cladding, consisting of large porcelain tile sheets in matte finish gunmetal grey. The colour of the tiles almost perfectly matches the glass and frames of the large floor to ceiling windows, which alternate on the façades with a variable pattern. The colour equivalence between tiles/windows emphasizes the monolithic appearance of the two towers and renders them comparable to a pair of large tree trunks, reinforcing the architecture-tree metaphor. In terms of perception, the "deaf" or "mute" colour impact of the construction element of the Vertical Forest helps to bring out the vibrant volumes and changing colours of the leaves, branches and shrubs. The design also allows for the use of white inserts as a device for varying the composition. On all the balcony balustrades porcelain sheets of the same size as the cladding tiles have been inserted but in gloss finish screen printed white glass: a solution that creates a highly dynamic pattern on the façades with a musical rhythm. Strips of the same colour and material have also been attached to the overhanging sections of the balconies, providing a colour match with the lower surfaces. This solution emphasizes the already significant staggering of the balconies – especially when viewed from below – and their assimilation as the metaphorical branches of the big tree.

>> see Big tree, Balconies, Changing landmarks, Materials

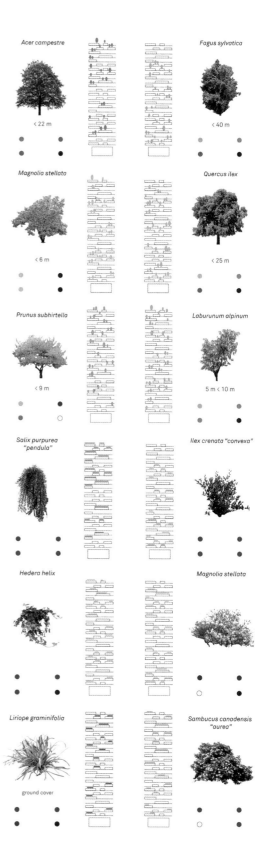

62

Colori Se osservato come sistema cromatico a elevata complessità, il Bosco Verticale può dirsi composto da due elementi primari: l'apparato vegetale delle piante e il corpo minerale degli edifici. Nel primo Bosco Verticale la componente cromatica principale del corpo edilizio è quella del rivestimento esterno, composto da lastre di grande formato di gres porcellanato in tonalità grigio canna di fucile, con finitura opaca. Il colore delle piastrelle riprende quasi perfettamente quello delle vetrate e dei serramenti delle grandi finestre a tutta altezza, che si alternano sulle facciate con un disegno variabile. L'equivalenza cromatica piastrelle/vetrate enfatizza l'aspetto monolitico delle due torri e, rendendole assimilabili a una coppia di grandi tronchi, dà forza alla metafora dell'architettura-albero. Percettivamente, l'impronta cromatica "sorda" della componente edilizia del Bosco Verticale contribuisce a far risaltare i volumi vibranti e i colori mutevoli delle foglie, dei rami e degli arbusti. Il progetto prevede anche l'uso di inserti di colore bianco come dispositivo di variazione compositiva. Su tutte le balaustre dei balconi sono state inserite lastre nello stesso formato delle piastrelle di gres, ma di vetro bianco serigrafato con finitura lucida: soluzione che genera un disegno delle facciate fortemente dinamico e con una ritmicità musicale. Fasce nello stesso materiale e colore rivestono anche le solette dei balconi, legandosi cromaticamente con gli intradossi di questi ultimi. Tale soluzione fa risaltare i già importanti sbalzi dei balconi – specie se osservati dal basso –, e la loro assimilazione metaforica ai rami del grande albero.

→ vedi Grande albero, Balconi, Landmark cangiante, Materiali

Common broom [*Cytisus scoparius*] Small herbaceous shrub belonging to the *Fabaceae* family. It is present throughout Western Europe and parts of Scandinavia and grows at different altitudes, from sea level to about 1,400 metres above sea level. It ranges from 60 centimetres to 1-3 metres in height and is woody at the base, with bushy and wintering buds of fragrant gold-

en yellow. During cold periods the grassy sections dry out and only the woody and underground parts remain alive. The fruit is a flattened black legume.

Ginestra dei carbonai [*Cytisus scoparius*] Piccolo arbusto erbaceo appartenente alla famiglia delle *Fabaceae*. È presente in tutta l'Europa occidentale e in parte della Scandinavia. Cresce a diverse altitudini, dal livello del mare fino a circa 1.400 metri s.l.m. Alto da 60 centimetri fino a 1-3 metri, è legnoso alla base, con portamento cespuglioso e gemme svernanti profumate di color giallo-oro. Nella stagione fredda le porzioni erbacee si seccano e rimangono in vita soltanto le parti legnose e ipogee. Il frutto è un legume appiattito e nero.

Common hawthorn [*Crataegus monogyna*] Shrub or small tree belonging to the *Rosaceae* family, widespread throughout Europe, North Africa, West Asia and North America. It has a large number of spiny branches and can reach heights of between 50 centimetres and 6 metres. Its natural habitat is woods and bushy areas, mainly in calcareous soils and it grows at altitudes of between 0 and 1,500 metres above sea level.

Biancospino [*Crataegus monogyna*] Arbusto o piccolo albero appartenente alla famiglia delle *Rosaceae*, diffuso in Europa, Nordafrica, Asia occidentale e America settentrionale. Molto ramificato e dotato di spine, può raggiungere altezze comprese tra i 50 centimetri e i 6 metri. Il suo habitat naturale è costituito da aree di boscaglia e cespugliose, in terreni prevalentemente calcarei. Vegeta a quote comprese tra 0 e 1.500 metri s.l.m.

Construction timing Construction of the first Vertical Forest in Milan began in Autumn 2009 and finished in Autumn 2014 (the official opening was held on 10th October 2014).

Tempi di costruzione La costruzione del primo Bosco Verticale, a Milano, è cominciata nell'autunno 2009 ed è terminata nell'autunno 2014 (il 10 ottobre 2014 si è tenuta l'inaugurazione ufficiale).

Continuous City The Vertical Forest is a grafting of biodiversity onto the Continuous City. In many parts of the planet – Europe in particular but also parts of North America and Asia – the development that has taken place in recent decades has created urban areas similar to one huge polycentric city, which has absorbed a huge number of small and medium-sized cities. The Continuous City has profoundly altered biological balances and reduced biodiversity within itself, incorporating natural and agricultural areas, accelerating the reduction and extinction of plant and animal species, or even in some cases forcing certain species, forcibly removed from their natural habitat, to invade urban areas that are foreign to them. The Vertical Forest was created from the observation of these phenomena, and at the same time from the realization that such abnormal situations could not be addressed by a mere act of returning to the past or contraction of the cities within their traditional boundaries, but within the conditions imposed by the Continuous City.

>> see Biodiversity, Densification, Urban sensor, Sustainability

64

Città Continua Il Bosco Verticale è un innesto di biodiversità nella Città Continua. In molte porzioni del Pianeta – in particolar modo l'Europa, ma anche parti del Nord America e dell'Asia – lo sviluppo occorso negli ultimi decenni ha dato vita a realtà urbane assimilabili a un'unica immensa città policentrica, che ha assorbito miriadi di piccole e medie città. La Città Continua ha profondamente modificato gli equilibri biologici e ridotto la biodiversità al proprio interno, inglobando aree naturali e zone agricole, accelerando la riduzione e l'estinzione di specie vegetali e animali, o anche in alcuni casi costringendo determinate specie, sottratte forzatamente al loro habitat naturale, a invadere territori urbani a loro estranei. Il Bosco Verticale nasce dall'osservazione di questi fenomeni, e contemporaneamente dalla presa d'atto che tali forme di disagio non potevano essere affrontate attraverso un mero atto di ritorno al passato o di contrazione delle città entro i loro tradizionali confini, ma all'interno delle condizioni poste dalla Città Continua.

>> vedi Biodiversità, Densificazione, Sensore urbano, Sostenibilità

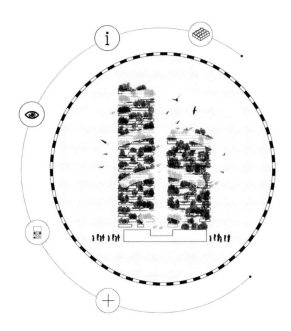

Critical opinions The first example of the built Vertical Forest revealed the project's immense capacity to be a powerful generator of critical opinions in a variety of forms, contents, and vehicles of expression. The style and tone of recorded comments was also very different (among others for example see: Vittorio Gregotti, *Le ipocrisie verdi delle archistar*, "Corriere della sera", 18th February 2011; Mario Botta, *Viva la città moderna ma Milano non è Abu Dhabi*, "La Repubblica", 23rd November 2007; Antonio Cipriani, *Politica, media, città: vivere in un format*, www.globalist.it, 28th February 2014).

>> see Documentaries, Echoes

Opinioni critiche Il primo caso di Bosco Verticale costruito ha rivelato la marcata capacità del progetto nell'essere potente generatore di opinioni critiche, disparate nella forma, nei contenuti, nei veicoli di espressione. Molto diverso anche il segno dei commenti registrati (tra gli alti cfr. ad esempio: Vittorio Gregotti, *Le ipocrisie verdi delle archistar*, "Corriere della sera", 18 febbraio 2011; Mario Botta, *Viva la città moderna ma Milano non è Abu Dhabi*, "La Repubblica", 23 novembre 2007; Antonio Cipriani, *Politica, media, città: vivere in un format*, www.globalist.it, 28 febbraio 2014).

>> vedi Documentari, Echi

Cultural cell The Vertical Forest is a system that increases urban ecological culture. The service "cell" in charge of guaranteeing the functionality and maintenance of the greenery over time can become a reference point of information for urban para-ecosystems both for neighbouring schools and for the city. Each "vertical green maintenance cell" can be used for the gathering and spreading of information that will be useful for assessing its ecological functioning (conducting census of species or colonization, fluctuations etc.) amassing an amount of knowledge that will grow and evolve together with the Vertical Forest.

>> see Maintenance system, Urban sensor

Cellula culturale Il Bosco Verticale è un sistema che aumenta la cultura ecologica urbana. La "cellula" di servizio incaricata di garantire la funzionalità e la manutenzione nel tempo del verde può diventare un punto informativo di riferimento di para-ecosistemi urbani: sia per le scuole di zona sia per l'intera città. Ogni "cella di manutenzione del verde verticale" può essere utilizzata per la raccolta e la diffusione delle informazioni utili per valutare il suo funzionamento ecologico (conduzione di specie, colonizzazione, fluttuazioni, ecc.), raccogliendo un patrimonio di conoscenza che può crescere ed evolvere insieme con il Bosco Verticale.

>> vedi Manutenzione (sistema di), Sensore urbano

Demineralization The Vertical Forest is a demineralization project for urban surfaces. It reduces the heat emanating from public spaces produced by the reflection of the sun on the mineral façades of tower buildings clad with "curtain wall" façades of steel and glass, and the project is also opposed to their pattern of energy consumption.

>> see Mineral city, Energy device

65

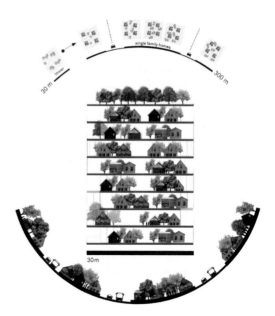

Demineralizzazione Il Bosco Verticale è un progetto di demineralizzazione delle superfici urbane. Riduce il calore negli spazi pubblici prodotto dal riverbero dei raggi del sole sulle facciate minerali degli edifici a torre dotati di facciate "curtain wall" in acciaio e vetro e si contrappone al loro modello di consumo dell'energia.

>> vedi Città minerale, Dispositivo energetico

Densification The Vertical Forest is a model of vertical densification of greenery and the built environment constructed within the city that acts in conjunction with the policies of reforestation and naturalization of the great urban and metropolitan frontiers. The synergy between these two tremendous devices for environmental survival can facilitate the reconstruction of the relationship between nature and cities in the context and area of the contemporary city. The Vertical Forest acts through completely changing the principle of closed green spaces (gardens, parks) that is typical and widespread in the fabric of many (especially European) cities and offers a system for vertical greenery that is as adaptable as it is well-structured.

>> see (Anti-) anticity, Biodiversity, Continuous City, Anti-sprawl device, Urban sensor

Densificazione Il Bosco Verticale è un modello di densificazione verticale del verde e del costruito realizzato all'interno della città, che agisce in correlazione con le politiche di rimboschimento e naturalizzazione delle grandi frontiere urbane e metropolitane. La sinergia tra questi due grandi dispositivi per la sopravvivenza ambientale può agevolare la ricostruzione del rapporto tra natura e città nel territorio della città contemporanea. Il Bosco Verticale agisce sovvertendo il principio degli spazi verdi chiusi (giardini, parchi), tipico e diffuso nel tessuto di molte città, in particolar modo europee, e propone un sistema denso quanto adattabile di verde verticale.

>> vedi (Anti-) anticittà, Biodiversità, Città Continua, Dispositivo anti-sprawl, Sensore urbano

Documentaries An an experimental habitat with a large number of unknown features, the Vertical Forest is particularly suited as the subject of scientific investigations and documentary narratives in ways that have few parallels in architecture and is more comparable with what usually occurs in a naturalistic context. Its unique features are ideal for leading into a development of innovative narrative techniques.

Already during the construction phase the first Vertical Forest in Milan has been the subject of various studies and documentaries. In March 2014 a programme produced by the British BBC One Planet broadcast team saw the adoption of television shooting systems that had never been used before. Positioned on the roof of the facing Garibaldi tower, the BBC cameras captured a series of sequential images of the Vertical Forest over 24 months. In order to show the process by which the building site became an architecture/living habitat in its entirety, special technology was used that combined three different filmmaking modes (time-lapses, hyperlapses, tracking-lapses). The use of this combined technique, extended over a long period of time, resulted in a highly involving and dynamic filmed narrative, capable of generating a strong sense of perceptual participation in the process of the Vertical Forest development. The resulting movie allows the viewer, for example, to appear on the site, to fly to the foot of the building, follow a tree while it is being lifted up to the top of a tower and observe the plants as they grow and change in appearance throughout the seasons.

>> see Cultural cell, Echoes, Critical opinions

Documentari Habitat sperimentale e con molti tratti sconosciuti, il Bosco Verticale si presta particolarmente a essere oggetto di indagini scientifiche e narrazioni documentaristiche, secondo modalità che riscontrano pochi paragoni in architettura e sono piuttosto comparabili con quanto si verifica usualmente in ambito naturalistico. Le sue caratteristiche uniche possono indurre lo sviluppo di tecniche di racconto innovative. Già in fase di cantiere il primo Bosco Verticale a Milano è stato interessato da diverse azioni di studio e documentazione. Nel mese di marzo 2014 ha preso il via un'operazione condotta dell'emittente britannica BBC e dalla squadra della trasmissione One Planet, che ha visto l'adozione di sistemi di ripresa mai adottati in precedenza. Posizionate sulla copertura della fronteggiante Torre Garibaldi, le macchine da ripresa della BBC hanno catturato una serie di immagini in sequenza del Bosco Verticale nell'arco di 24 mesi. Allo scopo di mostrare nella sua interezza il processo attraverso il quale il cantiere si è trasformato in un'architettura/habitat vivente, è stata adottata una particolare tecnologia che combina tre modalità di ripresa cinematografica (time-lapses, hyperlapses, trackinglapses). L'uso di questa tecnica combinata, estesa su un tempo di lunga durata, ha prodotto una narrazione filmata fortemente immersiva e dinamica, capace di generare un forte coinvolgimento percettivo nel processo di crescita del Bosco Verticale. Il filmato ottenuto permette allo spettatore, per esempio, di affacciarsi sul cantiere, volare fino al piede dell'edificio, seguire un albero mentre viene sollevato fino alla cima di una torre, osservare le piante mentre crescono e mutano d'aspetto durante le stagioni.

>> vedi Cellula culturale, Echi, Opinioni critiche

Downy oak [*Quercus pubescens*] The downy oak is the most commonly-found species of oak in Italy. Able to adapt to both arid and relatively cold climates, it has great strength and plasticity, thanks to the tre-

Roverella [*Quercus pubescens*]   La roverella è la specie di quercia più diffusa in Italia. Capace di adattarsi a climi aridi e relativamente freddi, è dotata di un'elevata resistenza e plasticità, grazie soprattutto alla grande vitalità della ceppaia: doti che le permettono di ambientarsi facilmente in diverse condizioni spaziali. A differenza delle altre specie di querce, durante l'inverno mantiene le foglie secche attaccate ai rami. Anticamente esemplari di rovella venivano lasciati lungo i confini di proprietà, permettendo in seguito di ricostruire il disegno e la datazione di questi ultimi.

Echi   In ragione della sua unicità sperimentale, il primo caso di Bosco Verticale, realizzato a Milano, ha suscitato echi mediatici e attenzioni diffuse della stampa e della critica di tutto il mondo, non solo di settore. Tra i primi riconoscimenti ottenuti dal progetto, l'International Highrise Award 2014 e il premio come migliore architettura europea del 2015 del Council on Tall Buildings and Urban Habitat, promosso dall'Illinois Institute of Technology di Chicago.

>> vedi Documentari, Opinioni critiche

by plants located along the perimeter of each floor results in a significant reduction of energy consumption produced by artificial air conditioning machinery. In these terms, the Vertical Forest is an alternative to large residential towers with glass "curtain walls" which require considerable energy to compensate for the considerable accumulation of heat in the summer and the lack of protection from the cold during the winter, and the resultant low energy efficiency even when amply equipped with renewable energy supply systems.

>> see Mineral city, Demineralization, Sustainability, Laboratory-roof

Dispositivo energetico Il Bosco Verticale può essere progettato per ospitare pale eoliche sul tetto, pannelli fotovoltaici per la produzione di energia elettrica sul tetto e sulle facciate, pannelli solari per la produzione di energia termica. L'irrigazione delle piante può avvenire in larga misura attraverso il filtraggio e la purificazione delle acque grigie prodotte dall'edificio. La schermatura formata dalle piante situate lungo il perimetro di ogni piano favorisce una significativa riduzione del consumo energetico prodotto dagli impianti di climatizzazione artificiale. In questi termini, il Bosco Verticale rappresenta un'alternativa alle grandi torri residenziali con facciate continue di vetro, che necessitano di consistenti consumi energetici per compensare il grande accumulo di calore in estate e la scarsa protezione dal freddo durante la stagione invernale, risultando energeticamente poco efficienti anche quando ampiamente dotati di sistemi di approvvigionamento di energie rinnovabili.

>> vedi Città minerale, Demineralizzazione, Sostenibilità, Tetto laboratorio

Eurasian wren [*Troglodytes Troglodytes*] A passerine bird of the *Troglodytidae* family, it is common in Europe, North Africa, Asia and North America. It has a round body, is just 10 centimetres long and moves in an agile and responsive manner. Sedentary, living mainly in humid places with an abundance of bushes, it prefers to move on the ground, inspecting everything that interests it. In winter it can be seen on the ground close to residential areas, while in summer it prefers mountain areas.

Scricciolo [*Troglodytes Troglodytes*] Uccello passeriforme della famiglia *Troglodytidae*, è comune in Europa, Nordafrica, Asia, Nord America. Di forma tonda e lungo appena 10 centimetri, si muove in maniera agile e scattante. Stanziale, vive prevalentemente in località umide e abbondanti di cespugli e predilige muoversi sul terreno, ispezionando tutto ciò che lo incuriosisce. In inverno si può incontrare in pianura e vicino ai centri abitati, mentre in estate predilige le zone montane.

European wild pear [*Pyrus pyraster*] A plant belonging to the *Rosaceae* family, it has a native area stretching from Central and Western Europe to the

69

Caucasus. It needs the cool-temperate climes of its native areas where it grows both on the plain and in the mountains, sometimes even reaching 1,400 metres above sea level further south. It can develop as a simple shrub, 3-4 metres high, but in ideal conditions it can develop into a tree of up to 20 metres. It is the ancestor of the common cultivated pear, from which it is often difficult to distinguish.

Pero selvatico [*Pyrus pyraster*] Pianta appartenente alla famiglia delle *Rosaceae*, ha un areale di origine che va dall'Europa Centro-Occidentale al Caucaso. Richiede i climi temperato-freschi della sua area nativa, dove si trova sia in pianura sia in montagna, talvolta raggiungendo anche i 1.400 metri s.l.m. più a sud. Può svilupparsi come un semplice arbusto, alto 3-4 metri, ma in condizioni idonee riesce a raggiungere lo stadio di un albero, alto fino a 20 metri. È il progenitore del comune pero coltivato, dal quale è spesso difficile distinguerlo.

Evergreen oak [*Quercus ilex*] A plant belonging to the *Fagaceae* (beech and oak) family, commonly found in the countries of the Mediterranean basin, especially in the west, Algeria, Morocco, the Iberian peninsula and in Mediterranean France and Italy. It can produce single species woods and copses of large dimensions. When it grows in rocky environments it can develop a bushy appearance. Usually evergreen, it has a rarely

straight trunk, more commonly single or divided at the base with a height up to 20-25 metres.

Leccio [*Quercus ilex*] Pianta appartenente alla famiglia delle *Fagaceae*, diffusa nei paesi del bacino del Mediterraneo, soprattutto nel settore occidentale, in Algeria e Marocco, nella penisola Iberica, nella Francia mediterranea e in Italia. Può formare boschi puri, anche di notevoli dimensioni. Quando cresce in ambienti rupestri può assumere un aspetto cespuglioso. Generalmente sempreverde, possiede un fusto raramente dritto, singolo o diviso alla base, di altezza fino a 20-25 metri.

Expo 2015 The first Milan Vertical Forest is the prototype of a strategy of biodiversity acupuncture that large cities today are increasingly called upon to plan. In this sense, the project is presented as the symbol of the challenge for biodiversity that the Milan Expo 2015 threw down to the inhabitants of the planet.
>> see Biodiversity

Expo 2015 Il primo Bosco Verticale di Milano è il prototipo di una strategia di agopuntura di biodiversità che le grandi città oggi sono sempre più spesso chiamate a programmare. In questo senso il progetto si propone come il simbolo della sfida per la biodiversità che l'Expo 2015 di Milano ha lanciato agli abitanti del Pianeta.

>> vedi Biodiversità

Falcon [*Falco*]   A breed of bird of prey of the *Falconidae* family, found worldwide. Equipped with a small head and a highly aerodynamic body shape, they can weigh up to 2 kg. Very rapid in flight and when nose diving, they are capable of capturing live prey both in the air and on the ground. They do not build nests, but lay and hatch their eggs in old nests left by other birds in hollow trees, on rocky crags, or in depressions they dig in the ground.

Falco [*Falco*]   Genere di uccelli rapaci della famiglia dei *Falconidi*, diffusi su tutto il Pianeta. Dotati di una testa piccola e di un corpo dalla forma aerodinamica, possono raggiungere i 2 chilogrammi di peso. Molto rapidi in volo e in picchiata, sono in grado di catturare prede vive sia in aria sia a terra. Non costruiscono nidi, ma depongono e covano le uova nei vecchi nidi di altri uccelli, all'interno di alberi cavi, su spuntoni rocciosi, oppure in avvallamenti che scavano nel terreno.

Feral pigeon [*Columba livia*]   A semi-wild pigeon widespread throughout Europe, North Africa and the Middle East which is strong and fast in flight. It is 30-35 cm long and has a wingspan of 62-68 cm and its flight capability is significant: under optimum atmospheric conditions it can cover 800 km at an average of 70 km/h. It is granivorous and prefers squares and parks in big cities as a habitat where it easily coexists with the presence of man. It commonly nests on buildings, especially under eaves or in gutters.

Piccione torraiolo [*Columba livia*]   Colombo semi-selvatico molto diffuso in Europa, Nord Africa e nel Medio Oriente. Resistente e veloce nel volo, è lungo 30-35 centimetri e dotato di apertura alare di 62-68 centimetri. Rilevanti le capacità di volo: in condizioni atmosferiche ottimali può percorrere anche 800 km a una media di 70 km/h. Granivoro, elegge come proprio habitat le piazze e i parchi delle grandi città dove convive facilmente con la presenza dell'uomo. Nidifica molto comunemente a ridosso degli edifici, specialmente nei sottotetti o nelle grondaie.

Field maple [*Acer campestre*]   Small tree widespread in Europe and Asia. In Italy it is very common in temperate deciduous forests, from sea level up to the start of beech forests. It is frequently used as an ornamental tree and hedge, because of its effectiveness in consolidating and resisting landslides, and its leaves can be used as fodder. Normally it is about 7-12 metres high, but it can also grow up to 20 metres. Folklore attributed magical properties to it against witches, bats and misfortune.

71

Acero campestre [*Acer campestre*] Piccolo albero diffuso in Europa e Asia. In Italia è molto comune nei boschi di latifoglie mesofile, dal livello del mare fino all'inizio della faggeta. Spesso trova impiego come albero ornamentale e da siepe, per via della sua efficacia nel consolidamento dei terreni franosi. Le sue foglie possono essere utilizzate come foraggio. Di norma è alto circa 7-12 metri, ma può anche raggiungere i 20 metri. Antiche credenze popolari gli conferivano proprietà magiche contro le streghe, i pipistrelli e la sfortuna.

Goldenrain Tree [*Koelreuteria paniculata*] Deciduous tree of the *Sapindaceae* family, native to China, Korea, Japan and now widely cultivated in southern Europe as an ornamental plant. It does not grow to great heights (usually no more than 12 metres) and has pinnate leaves that turn yellow in autumn. The flowers appear about halfway through the summer and are small, yellow and gathered in pyramidal spikes. The fruits are yellow-brown heart-shaped bladder-like pods about 4-5 cm long.

Koelreuteria [*Koelreuteria paniculata*] Albero caducifoglio della famiglia delle Sapindacee, originario di Cina, Corea, Giappone, e oggi ampiamente coltivato in Europa meridionale come pianta ornamentale. Non raggiunge grandi altezze (solitamente non più di 12 metri) ed è dotato di foglie pennate che diventano gialle in autunno. I fiori compaiono circa a metà dell'estate e sono piccoli, di colore giallo e raccolti in pannocchie piramidali. I frutti sono vescichette a forma di cuore, lunghe 4-5 centimetri, di colore giallo-bruno.

Goldfinch [*Carduelis Carduelis*] Migratory bird belonging to the *Fringillidae* (finch) family, easily recognizable by the vertical red mask on the face and the wide yellow bar on the wing. Widespread in Europe, North Africa and Western Asia, it inhabits open plains or partially wooded areas. During the 19th century it was introduced into many areas of the world including Australia and New Zealand. It is often bred in captivity for its distinctive appearance and pleasant singing. Its name comes from the thistle plant of whose seeds it is particularly fond. It was adopted as an iconographic symbol in many representations of ancient Greece and of Catholicism.

Cardellino [*Carduelis Carduelis*] Uccello migratore appartenente alla famiglia dei Fringillidi, facilmente riconoscibile per la mascherina rossa sul muso e per l'ampia barra alare gialla. Diffuso in Europa, Nord Africa e Asia Occidentale, popola le aperte pianure o le aree parzialmente boscose. Nel XIX secolo è stato introdotto in molte aree del mondo tra cui l'Australia e la Nuova Zelanda. È spesso allevato in cattività per il suo aspetto caratteristico e il canto piacevole. Il suo nome deriva dalla pianta del cardo, dei cui semi è ghiotto. È stato adottato come simbolo iconografico in numerose rappresentazioni dell'antica Grecia e del Cattolicesimo.

Picchio rosso maggiore [*Dendrocopos*]   Uccello appartenente alla famiglia dei picchi, è presente in tutta Europa, escluse le regioni più settentrionali e alcune isole. In Asia si spinge fino in Giappone, Cina e India occidentale. Molto adattabile, è presente nei boschi sia di conifere sia di latifoglie, nelle campagne alberate e nei parchi cittadini. Può nidificare dai fondovalle fino al limite superiore delle foreste, scavando il nido in un'ampia gamma di essenze, in particolare grandi castagni da frutto, larici, pioppi e ciliegi. In febbraio-marzo difende il proprio territorio in maniera vivace, con acuti richiami e un acceso tambureggiare.

Cinciallegra [*Parus Major*]   Uccello passeriforme della famiglia dei Paridi, è distribuito in Europa e Nord Africa, specie nelle zone collinari e pianeggianti o nella media montagna fino a 1.800 metri di quota. Vive in ambienti semi-alberati come margini di boschi, frutteti, filari, giardini e parchi urbani. Si adatta molto bene alle trasformazioni operate dall'uomo sul territorio: accetta volentieri il cibo offerto in mangiatoie ed è una delle poche specie di uccelli presenti regolarmente anche nei centri cittadini. Svernante e migratrice, in Italia la si può trovare in ogni mese dell'anno, in particolare in inverno. Nidifica nelle cavità protette degli alberi, dei muri e nelle cassette-nido, costruendo il nido con muschi, peli e piume.

Greater mouse eared bat [*Myotis Myotis*] A bat of the *Vespertilionidae* family, widespread in western and eastern Europe, Anatolia and the Middle East as far as Palestine. In Italy it is found everywhere on the mainland, but not in Sardinia. It lives in different types of habitats, including urban areas up to 2,000 metres above sea level and it can also withstand temperatures up to 45°C while in summer it lives together in colonies of up to several thousand individuals in caves, mines, cellars and sometimes in tree holes and bat boxes. From September to April it hibernates in underground environments, with temperatures of between 2-12°C and humidity up to 100%, where it forms colonies of up to 5,000 individuals.

Greenfinch [*Carduelis Chloris*] A passerine bird of the *Fringillidae* (finch) family, it is widespread throughout Europe, North Africa and Asia Minor. It adapts easily to any habitat, although it prefers the zones above 1,000 metres a.s.l. It can be found in wooded countryside, forests, orchards, but also gardens and public parks; it perches on trees and bushes and then jumps to the ground. It is one of the most common and widely found birds in Italy, where it lives all year and is most numerous in winter as a result of migration from Northern Europe. In recent years it has been threatened by trapping and poison administered to trees to control pests.

Vespertilio maggiore [*Myotis Myotis*] Pipistrello della famiglia dei Vespertilionidi, diffuso in Europa occidentale e orientale, in Anatolia e nel Vicino Oriente fino alla Palestina. In Italia è presente sul tutto il territorio, esclusa la Sardegna. Vive in diversi tipi di habitat, incluse le aree urbane fino a 2.000 metri di altitudine. Può sopportare temperature anche fino a 45°C e in estate si raggruppa in colonie di diverse migliaia di individui entro grotte, miniere, cantine e talvolta nelle cavità degli alberi e nelle bat box. Da settembre ad aprile entra in ibernazione in ambienti sotterranei, con temperature di 2-12°C e umidità fino al 100%, dove forma colonie anche di 5.000 esemplari.

Verdone [*Carduelis Chloris*] Uccello passeriforme della famiglia *Fringillidae*, è diffuso in Europa, Africa del nord e Asia minore. Si adatta facilmente a qualsiasi habitat, anche se predilige le zone al di sopra dei 1.000 metri di quota. Popola campagne alberate, boschi, frutteti, ma anche giardini e parchi pubblici; si posa sugli alberi e sui cespugli e saltella a terra. È uno degli uccelli più comuni e uniformemente diffusi in Italia, dove si trova tutto l'anno, più numeroso in inverno per l'immigrazione dal Nord Europa. Negli ultimi anni è minacciato dall'uccellagione e dai veleni somministrati alle alberature per combattere i parassiti.

Guinigi tower The Guinigi Tower in Lucca (Tuscany, Italy) is a historical case of "Vertical Forest before its time". Built in the late 14th century by the powerful Lucchese Guinigi family of traders and bankers, the 44.25 metres high stone and brick tower is one of the historic buildings of this Tuscan city. Among the many medieval towers in Lucca, the Guinigi tower is the only one that was not damaged or destroyed in the 16th century and is a highly recognizable urban landmark. On its top there is a small hanging roof garden, a symbol of rebirth which consists of seven oak trees, grafted onto a walled casement filled with soil. Exactly when the garden was created is not known but in an image of Lucca in the 15th century from the *Chronicles* of Giovanni Sercambi, there is a tower crowned with trees; the oak trees present today on the tower were however surely replanted later.

>> *see* Changing landmarks

Torre Guinigi La Torre Guinigi a Lucca (Toscana, Italia) rappresenta un caso storico di "Bosco Verticale ante litteram". Costruita nella seconda metà XIV secolo dalla potente famiglia lucchese dei Guinigi, commercianti e banchieri, la torre in pietra e mattoni con suoi 44,25 metri si staglia sugli edifici del centro storico della città toscana. Tra le molte torri medievali di Lucca, la Torre Guinigi è l'unica che non sia stata mozzata o abbattuta nel corso del XVI secolo e costituisce un fortissimo landmark urbano. Sulla sua cima trova dimora un piccolo giardino pensile, simbolo di rinascita, formato da sette alberi di leccio, innestati in un cassone murato riempito di terra. Non si conosce esattamente il periodo di realizzazione del giardino, ma in un'immagine di Lucca del secolo XV, contenuta nelle *Croniche* di Giovanni Sercambi, è presente una torre coronata di alberi; i lecci secolari presenti oggi sulla torre sono stati tuttavia sicuramente ripiantati in seguito.

>> vedi Landmark cangiante

Heights Upward development is a basic design characteristic of the Vertical Forest. The two residential towers that make up the first Milan Porta Nuova Vertical Forest have different heights of 111.15 metres, equivalent to 26 floors for the De Castillia Tower (named Tower E) and 78 metres, equivalent to 18 floors for the Confalonieri Tower (named Tower D).

>> see Structure, Guinigi tower

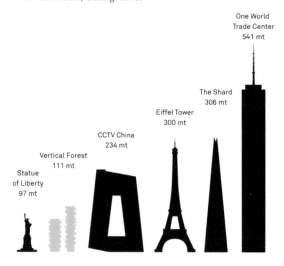

One World
Trade Center
541 mt

The Shard
306 mt

Eiffel Tower
300 mt

CCTV China
234 mt

Vertical Forest
111 mt

Statue
of Liberty
97 mt

Altezze Lo sviluppo verso l'alto è un basilare carattere progettuale del Bosco Verticale. Le due torri residenziali di cui si compone il primo Bosco Verticale di Milano Porta Nuova hanno altezze diverse: di 111,15 metri, pari a 26 piani, la torre De Castillia (già Torre E) e di 78 metri, pari a 18 piani, la torre Confalonieri (già Torre D).

>> vedi Strutture, Torre Guinigi

Hooded Crow [*Corvus cornix*] A passerine bird belonging to the *Corvidae* family, widespread in Eurasia and North Africa. Hooded crows are among the best adapted birds to urbanization: while maintaining their natural wildlife status they are accustomed to the presence of humans and often live in cities by finding food anywhere, even taking it from food put out for pets. Sometimes they create homes in trees surrounding houses and communicate daily with humans.

They are not birds of prey but can be harmful to other birds, feeding on chicks and eggs, and often cause damage to agriculture.

Cornacchia grigia [*Corvus cornix*] Uccello passeriforme appartenente alla famiglia *Corvidae*, diffuso in Eurasia e Nordafrica. Le cornacchie grigie sono tra gli uccelli meglio adattati all'urbanizzazione: pur mantenendo uno stato selvatico sono abituate alla presenza dell'uomo e spesso vivono nelle città trovando il cibo in ogni luogo, anche nei piatti degli animali domestici. Talvolta prendono domicilio sugli alberi circostanti le abitazioni e comunicano quotidianamente con gli esseri umani. Non sono rapaci ma possono essere nocive per gli altri uccelli, per esempio nutrendosi di pulcini e di altre uova, e spesso causano danni all'agricoltura.

House Martin [*Delichon urbicum*] A bird from the *Hirundinidae* family, it is found throughout Europe, Asia, north-western Siberia, Japan and north-western Africa. It lives up to an altitude of 2,000 metres and builds its nest under the eaves, canopies, walkways and spaces found in buildings or bridges. Since 2004 it is among those species at risk of extinction, and its nests are protected in several countries. In particular, changes in building technologies are having a negative effect on the growth of the population of these birds: in actual fact nests do not adhere to the smooth façades and sealed surfaces that typify much contemporary architecture.

Balestruccio [*Delichon urbicum*]   Uccello della famiglia *Hirundinidae*, si riproduce in tutta Europa, in Asia, nella Siberia nord-occidentale, in Giappone e in Africa nord-occidentale. Vive fino a quote di 2.000 metri e costruisce il proprio nido sotto grondaie, tettoie, varchi e insenature di edifici o ponti. Dal 2004 è tra le specie a rischio di estinzione, e i suoi nidi sono protetti in diversi Paesi. Influiscono in maniera negativa sulla crescita della popolazione soprattutto i cambiamenti delle tecnologie edilizie: i nidi infatti non si attaccano sulle facciate lisce e le superfici sigillate che caratterizzano molta architettura contemporanea.

Howard, Ebenezer   Sir Ebenezer Howard (London, 29th January 1850 – Welwyn, 1st May 1928) was an English town planner and Esperanto-speaker. Inspired by the ideas of his fellow countrymen John Ruskin and William Morris, Howard devoted himself to the serious problem of overcrowding in cities and the consequent depopulation of the countryside as a result of the Industrial Revolution. In 1898 he wrote the essay *A Peaceful Path to Real Reform*, considered one of the most important theoretical texts on the concept of utopian cities in the late 19th century. In this work he describes the idea of the "garden city", an urban area of well-established dimensions carefully designed to accommodate population movements through an efficient use of space and thus promoting a new balance between town and country. Howard does not describe the formal characteristics of the new city, but focuses

exclusively on social and economic aspects, describing the specific functional destinations with great scientific rigour: dwellings, production establishments, infrastructure and open spaces. Howard's theories did not find many direct applications; however among these the most important example is Letchworth Garden City, founded in 1903. His theories constituted an important reference point for the development of the Siedlung in Vienna in the early 20th century.

Howard, Ebenezer   Sir Ebenezer Howard (Londra, 29 gennaio 1850 – Welwyn, 1 maggio 1928) è stato un urbanista e un esperantista inglese. Ispirandosi alle idee dei connazionali John Ruskin e William Morris, Howard affrontò il grave problema del sovraffollamento delle città e del conseguente spopolamento delle campagne, crescente a seguito della Rivoluzione industriale. Nel 1898 scrisse il saggio *A Peaceful Path to Real Reform*, considerato uno dei più importanti testi teorici sulle città utopiche della fine del XIX secolo. In tale opera descrive l'idea di "città-giardino", un agglomerato urbano di dimensioni definite capace di accogliere in modo calibrato la popolazione, consentendo un uso razionale del territorio e favorendo in tal modo un nuovo equilibrio tra città e campagna. Howard non descrive le caratteristiche formali della nuova città, ma si concentra esclusivamente su aspetti sociali ed economici, descrivendone con grande rigore scientifico le specifiche destinazioni funzionali: unità abitative, insediamenti produttivi, infrastrutture, spazi aperti. Le teorie di Howard non trovarono molte applicazioni dirette: tra queste il caso più importante è quello di Letchworth Garden City, fondata nel 1903. Le sue teorie costituirono anche un importante riferimento per lo sviluppo delle Siedlung realizzate a Vienna nei primi anni del XX secolo.

Humans   In its broadest sense the Vertical Forest was created as a "home for trees inhabited by people". The first Vertical Forest is also a complex experiment in cohabitation between trees and humans: more than

700 trees and about 380 humans live there as well as over 1,600 birds and insects.

>> see Urban forest, Sustainability

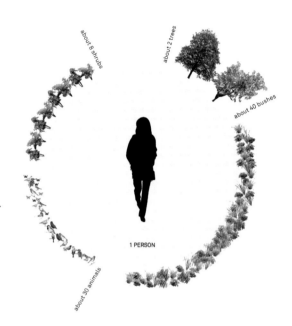

about 8 shrubs
about 2 trees
about 40 bushes
1 PERSON
about 30 animals

Umani Nella sua accezione più ampia il Bosco Verticale nasce come "casa per gli alberi abitata dagli uomini". Il primo Bosco Verticale costituisce anche un complesso esperimento di coabitazione uomo-albero: in esso abitano più di 700 alberi e circa 380 umani, oltre a 1.600 tra uccelli e insetti.

>> vedi Foresta urbana, Sostenibilità

Hundertwasser, Friedensreich Born Friedrich Stowasser (Vienna, 15th December, 1928 – 19th February, 2000), he was an Austrian painter, sculptor, architect and ecologist. A multi-faceted and unique personality, he anticipated different design elements and concepts currently found in the Vertical Forest through his works. Hundertwasser preached the idea of a new biological architecture, based on the presence of trees in houses (Die Baummieter – the Tree tennant), capable of establishing a fixed relationship between

the number of people and the number of trees present in the lived space. In Milan, on the night between 27th and 28th September 1973 during the course of La Triennale, Via Manzoni in the city centre was closed to traffic in order to allow the lifting of 15 trees by a crane. It was a demonstration of tree allocation conducted by Hundertwasser: the trees were planted in several of the apartments along the road, protruding from the windows and clearly visible from the outside.

Hundertwasser, Friedensreich Nato Friedrich Stowasser (Vienna, 15 dicembre 1928 – 19 febbraio 2000) è stato un pittore, scultore, architetto, ecologista austriaco. Personalità sfaccettata e singolare, con le sue opere anticipò diversi elementi progettuali e concettuali presenti nel Bosco Verticale. Hundertwasser predicava l'idea di una nuova architettura biologica, fondata sulla presenza di alberi nelle case (Die Baummieter – l'Albero Ospite), capace di stabilire

78

un rapporto fisso tra il numero di uomini e il numero di alberi presenti nello spazio abitato. A Milano, nella notte tra il 27 e il 28 settembre 1973, durante lo svolgimento de La Triennale, la centralissima via Manzoni venne bloccata al traffico allo scopo di consentire il sollevamento di 15 alberi da parte di una gru. Si trattava di una dimostrazione di allocazione arborea condotta da Hundertwasser: gli alberi, piantati all'interno di alcuni appartamenti della via, fuoriuscivano dalle finestre risultando perfettamente visibili dall'esterno.

Implantation (criteria of) Unlike what happens in traditional architecture, in the Vertical Forest the compositional, morphological and technical criteria defining the external appearance are intertwined with similar criteria regarding the installation design of the plant system. In the first Milan Vertical Forest the placement of plants was established by taking into account their specific needs in terms of exposure – evergreens on the south-west side, deciduous on the northeast –, development in height in relation to the design of the balconies and of the impact on the level of comfort in the apartments. These criteria have informed and led the composition project itself, developed on the base of the ornamental and formal qualities of the plants, and taking into account the image provided by the façades both as a whole and in the areas corresponding to individual residential units. The choice of vegetation to be planted was made by a group of landscape agronomists and was carried out over two years. The selection was made based on the combination of two primary parameters: the aesthetic and physical properties of each plant – especially the height of growth of the stem and the width of the development of the foliage, the adaptability and intrinsic safety but also the ornamental characteristics, ease of maintenance, the non-allergenicity – and the relative positioning provided on the façade.

>> see Mute architecture, Nursery, Plants (selection of)

Piantagione (criteri di) A differenza di quanto avviene nell'architettura tradizionale, nel Bosco Verticale i criteri compositivi, morfologici e tecnici che definiscono l'aspetto esterno si intrecciano con analoghi criteri relativi al progetto di piantagione del complesso vegetale. Nel primo Bosco Verticale di Milano la collocazione delle piante è stata determinata tenendo conto delle specifiche esigenze in termini di esposizione – sempreverdi sul lato sud-ovest, spoglianti a nord-est –, dello sviluppo in altezza in relazione al disegno dei balconi e dell'impatto sul livello di comfort degli appartamenti. Tali criteri hanno orientato il progetto compositivo vero e proprio, sviluppato sulla base delle qualità ornamentali e formali delle piante e tenendo conto dell'immagine assunta dalle facciate, sia nel loro complesso sia nelle porzioni corrispondenti alle singole unità residenziali. La scelta delle piante da impiantare è stata effettuata da un gruppo di agronomi paesaggisti e si è articolata in un arco di lavoro durato due anni. La selezione è stata condotta intrecciando due parametri primari: le caratteristiche estetiche e fisiche di ciascuna pianta – soprattutto l'altezza di crescita del fusto, l'ampiezza di sviluppo della chioma, l'adattabilità e la sicurezza intrinseca ma anche le caratteristiche ornamentali, la facilità di manutenzione, la non allergenicità – e il relativo previsto posizionamento in facciata.

>> vedi Architettura muta, Vivaio, Piante (selezione delle)

Irrigation system The first Vertical Forest has a centralized "intelligent" drip irrigation system, designed according to the needs, distribution and placement of the plant organisms present inside it. The installation is equipped with a device for independent management for small groups of pots, which allows the adjustment of the water consumption depending on the real needs of the vegetation; needs which may vary significantly depending on the exposure and the height of each plant. A series of probes remotely controlled by a computerized device, carries out the monitoring of the humidity of plants: depending on to the data collected the water supply is activated or closed and the same sensors can detect malfunctions. The water system does not use drinking water but recycles that resulting from other uses (for example water from air conditioning systems with the use of ground water). Maintenance is centralized: a single company is capable of managing the system and works according to a five-year plan.

>> see Maintenance system, Soil

Irrigazione (sistema di) Il primo Bosco Verticale dispone di un sistema di irrigazione a goccia centralizzato e "intelligente", progettato in base alle esigenze, alla distribuzione e al posizionamento degli organismi vegetali in esso presenti. L'impianto è dotato di un dispositivo di gestione indipendente per piccoli gruppi di vasche, che permette di adeguare i consumi idrici ai reali fabbisogni della vegetazione; bisogni che variano anche sensibilmente in funzione dell'esposizione e dell'altezza di ogni pianta. Una serie di sonde, controllata in remoto da un dispositivo computerizzato, effettua il controllo delle condizioni di umidità delle piante: in relazione ai dati percepiti viene attivata o bloccata l'erogazione dell'acqua. Le stesse sonde possono rilevare eventuali malfunzionamenti. L'impianto idrico non consuma acqua potabile, ma ricicla quella derivante da altri utilizzi (ad esempio i sistemi di climatizzazione con uso di acque di falda). La manutenzione è centralizzata: un'unica impresa è responsabile degli interventi e agisce sulla base di un piano quinquennale.

>> vedi Manutenzione (sistema di), Terreno

Italian sparrow [*Passer italiae*] A common bird of the *Passeridae* family, it is an established cross-breed between the *Passer domesticus* and the *Passer hispaniolensis*, recognized as a species in 2013. It is found throughout Italy (except Sicily and Sardinia), southern Switzerland, Corsica and Crete. It can nest at up to over 2,000 metres above sea level, but is absent from valleys inhabited only in summer. It is omnivorous and closely dependent on man, thus it is usually found only in permanently inhabited towns and cultivated countryside. The nest is built in spaces under rooftiles, in holes in the walls, between bridge supports or more rarely in the hollows of trees.

80

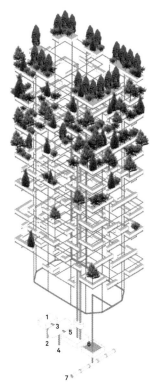

1 Energy center
2 Groundwater collection
3 Accumulation tank
4 Groundwater releasing
5 Irrigation tank
6 Rainwater harvesting
7 Municipal sewerage

Passero d'Italia [*Passer italiae*]   Uccello comune della famiglia *Passeridae*, è un ibrido stabile di *Passer domesticus* e *Passer hispaniolensis*, riconosciuto come specie nel 2013. Lo si trova in tutta Italia (eccezion fatta per la Sicilia e la Sardegna), in Svizzera meridionale, in Corsica e a Creta. Può nidificare fino a oltre 2.000 metri di quota, ma è assente dai valloni abitati solo in estate. Onnivoro, è strettamente dipendente dall'uomo e popola usualmente soltanto i centri abitati permanenti e le campagne coltivate. Il nido è costruito in anfratti sotto tegola, nei fori dei muri, tra i piloni dei ponti o più raramente negli incavi degli alberi.

Jackdaw [*Corvus monedula*]   A passerine bird belonging to the *Corvidae* family, found over a wide area stretching from northwest Africa across Europe, Iran, North-West India and Siberia. It lives mainly on steppes, in forests, fields, cliffs, but is also at home in populated areas, where it can prey on the eggs and young of pigeons. It nests within walls and rocks, large cavities with a relatively narrow entrance, and often coexists with other species. It has a typically fast and straight style of flight with deep wing beats.

Taccola [*Corvus monedula*]   Uccello passeriforme appartenente alla famiglia *Corvidae*, diffuso in un'area molto vasta che si estende dall'Africa nord occidentale a tutta l'Europa, l'Iran, l'India del Nord-Ovest e la Siberia. Abita prevalentemente le steppe, i boschi, i campi, le scogliere, ma non disdegna anche le aree antropizzate, ove può predare le uova e i piccoli dei piccioni. Nidifica entro muri e rocce, in cavità spaziose con un ingresso relativamente stretto, e spesso coabita con altre specie. Ha un volo caratteristico, rapido e rettilineo, con profondi battiti d'ala.

Jasminum mesnyi hance [*Jasminum primulinum*]   An evergreen shrub native to China, it can reach 5 metres in height and is found in gardens and public spaces, as a trailing plant or climber for small surfaces. It does not tolerate the cold and grows outdoors where the climate is mild and may be subject to partial defoliation in particularly cold winters. It is not found in the wild even in its area of origin, which is why there is speculation that it has been artificially cultivated for a considerable period of time.

Gelsomino primulino [*Jasminum primulinum*]   Arbusto sempreverde originario della Cina, può raggiungere i 5 metri d'altezza. È diffuso in giardini e spazi pubblici, come cespuglio ricadente o come pianta rampicante per piccole superfici. Non tollera il freddo intenso, cresce all'aperto nelle regioni a clima mite e può essere soggetto a parziale defogliazione negli inverni particolarmente freddi. Non è noto allo stato spontaneo neanche nella

81

sua area d'origine, per questo è stato ipotizzato che si tratti di una specie colturale di origine molto antica.

Kestrel [*Falco tinnunculus*]   Among the most common raptors in central Europe, the kestrel often chooses the city as its natural habitat. It is characterized by its particular style of flight referred to as "Holy Spirit", during which it remains totally still in the air, with small wingbeats and with the tail held in the fan position, harnessing the wind to remain stable and looking at the ground in search of prey.

Gheppio [*Falco tinnunculus*]   Tra i rapaci più diffusi nell'Europa centrale, il gheppio spesso sceglie la città come proprio habitat. Si caratterizza per il particolare volo detto a "Spirito Santo", durante il quale si mantiene totalmente fermo in aria, con piccoli battiti delle ali e tenendo la coda aperta a ventaglio, sfruttando il vento per mantenersi stabile e osservare il suolo in cerca di prede.

Kuhl's pipistrelle [*Pipistrellus kuhlii*]   A bat of the *Vespertilionidae* family, widespread in North Africa, in Europe from Portugal as far as Kazakhstan, the Arabian Peninsula and from the Middle East to India. Small in size (the length of the head and the body varies between 35 and 55 mm), it takes refuge in often numerous colonies, many in the interstices of buildings, bat boxes or more rarely in tree holes, rock crevices, caves or mines. In the northernmost of the areas in which it lives, it hibernates from November to March or April while in other parts it is active throughout the year.

Pipistrello albolimbato [*Pipistrellus kuhlii*]   Pipistrello della famiglia dei Vespertilionidi, diffuso nell'Africa settentrionale, in Europa dal Portogallo fino al Kazakistan, nella Penisola Arabica, nel Medio Oriente fino all'India. Di piccole dimensioni (la lunghezza della testa e del corpo varia tra i 35 e i 55 millimetri), si rifugia in colonie spesso numerose negli interstizi di edifici o costruzioni, nelle bat box o più raramente nelle cavità degli alberi, nelle fessure rocciose, nelle grotte o miniere. Nelle zone più settentrionali dell'areale entra in ibernazione da novembre a marzo o aprile, nelle altre parti è attivo durante tutto l'anno.

Laboratory-roof   In the Vertical Forest the roof is designed as a large communal area to be used for its unique features in terms of studying the behaviour of animal species, implementation of biodiversity, the installation of devices for energy and environmental sustainability (wind turbines, photovoltaic panels). In the first Vertical Forest, parts of the floating flooring and modular tanks set above the ventilation ducts and installation roof fans have been designed to accommodate autochthonous herbaceous vegetation, with limited substrate thicknesses and with virtually zero maintenance needs. The washed gravel inside the tanks created along the ventilation ducts has been replaced with a high particle size substrate and with herbaceous flowering species (wild roofs). The presence of a green roof lowers the cover surface temperature: a fact that helps to optimize the yield of the solar panels, whose efficiency decreases at high temperatures.
>> see Biodiversity, Energy device

Tetto-laboratorio Nel Bosco Verticale il tetto è concepito come un grande spazio comune, da sfruttare per le sue caratteristiche uniche per lo studio del comportamento delle specie animali, l'implemento della biodiversità, l'installazione di dispositivi per la sostenibilità energetica e ambientale (pale eoliche, pannelli fotovoltaici). Nel primo Bosco Verticale, parte delle pavimentazioni galleggianti e delle vasche modulari ricavate al di sopra dei camini di ventilazione e dei torrini degli impianti sono studiati per ospitare vegetazione erbacea autoctona, in spessori di substrato limitati e con esigenze manutentive pressoché nulle. La ghiaia lavata prevista all'interno delle vasche realizzate sui camini di ventilazione è stata sostituita con un substrato a elevata granulometria e con specie erbacee da fiore (wild roofs). La presenza di un tetto verde abbassa la temperatura della superficie della copertura: dato che contribuisce a ottimizzare la resa dei pannelli solari, la cui efficienza si riduce alle alte temperature.

>> vedi Biodiversità, Dispositivo energetico

Ladybugs/ladybirds The Vertical Forest is a biodiversity laboratory that lends itself to new forms of experimentation in terms of forms of interaction between man, nature and architecture. On May 29th 2014, the first Vertical Forest in Milan was the scene of one of the first experiments in the field. On that occasion, 1,250 ladybirds of the species *adalia bipunctata* were released on the terraces and the roofs of the two towers. The action of inserting these beetles had a dual role: on the one hand it allowed the scientific group to obtain a wide range of new data about the behaviour of these animals at a height of over 100 metres, and it also ensured effective ecological protection for the plants against any invasion by aphids (parasitic species that feed on sap, thus damaging the vegetation).

>> see Biodiversity, Maintenance system

Coccinelle Il Bosco Verticale è un laboratorio della biodiversità che si presta a nuove forme di sperimentazione delle forme di interazione tra uomo, natura e architettura. Il 29 maggio 2014, il primo Bosco Verticale a Milano è stato teatro di uno dei primi esperimenti sul campo. In tale occasione sulle terrazze e sulla copertura delle due torri sono state liberate 1.250 coccinelle della specie *adalia bipunctata*. L'azione di insediamento dei coleotteri ha assunto una duplice valenza: da un lato ha permesso al gruppo scientifico di ottenere una vasta serie di dati inediti sul comportamento di questi animali a oltre 100 metri d'altezza; dall'altro ha assicurato un'efficace protezione biologica delle piante dall'eventuale invasione di afidi (specie parassitaria che si nutre della linfa, apportando danni alla vegetazione).

>> vedi Biodiversità, Manutenzione (sistema di)

Leadwort [*Ceratostigma plumbaginoides*] A species of the *Plumbaginaceae* plant family, native to the temperate and tropical regions of Asia and Africa. With a height from 0.3 to 1 metre, its leaves are simple, up to 9 centimetres long and arranged spirally. The flowers have a five-lobed corolla ranging in colour from dark-blue to red-purple; the fruit has a small capsule that carries only one seed.

Ceratostigma [*Ceratostigma plumbaginoides*]   Specie di pianta della famiglia delle *Plumbaginaceae*, nativa delle regioni temperate e tropicali di Asia e Africa. Alta da 0,3 a 1 metro, possiede foglie con una disposizione a spirale, semplici e lunghe fino a 9 centimetri. I fiori sono dotati di una corolla pentalobata di colore variabile dal blu-scuro al rosso-porpora; i frutti sono costituiti da una piccola capsula che porta un solo seme.

Little ringed plover [*Charadrius Dubius*]   A migratory bird of the family *Charadriidae*, it is found all over the world except in the Americas. It lives in gravelly or stony areas near rivers and freshwater streams. It nests on rocky or stony ground with little or no plant presence.

Corriere piccolo [*Charadrius Dubius*]   Uccello migratore della famiglia dei *Charadriidae*, diffuso in tutto il mondo tranne che nelle Americhe. Elegge come proprio habitat le aree ghiaiose nei pressi di fiumi e corsi d'acqua dolce. Nidifica a terra sul suolo roccioso e pietroso, con poca o nessuna presenza di piante.

Maintenance system   Similar to a "live" system that is evolving over time, the Vertical Forest highlights the need for targeted programmes of maintenance and control of the greenery, planned right down to the smallest details. The vegetation of the first Milan Vertical Forest is regularly taken care of through periodic actions of various kinds (pruning, fertilizing, plant protection monitoring and anchor systems), managed directly from the Porta Nuova property and entrusted to specialized companies. The maintenance programme adopted consistently delivers economies of scale compared to piecemeal management of

the task. Checking the health of trees, shrubs, ground conditions and the root systems is provided by a team of agronomists which coordinates the interventions and adapts the maintenance plan to the different seasonal conditions, which are then operated by a team of gardeners and climbers. All the operations are carried out either from inside or outside balconies; the outside operations are conducted thanks to purpose-built cradles supported by two fixed cantilever crane supports positioned on the roofs of the towers. The maintenance programme includes the carrying out of one annual external operation for pruning and four/six annual internal operations by means of access to the apartments by a pair of specialized workers. Once a month, between May and October, a monitoring and check of the phytosanitary progress and general status conservation of the plants is also carried out. Any pest attacks are controlled biologically.

>> *see* Ladybugs/ladybirds, Irrigation system

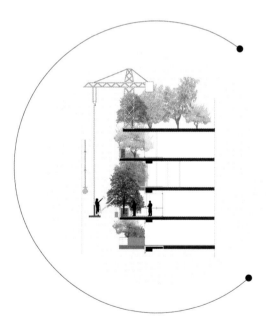

Manutenzione (sistema di)   Assimilabile a un sistema "vivo" e in evoluzione nel tempo, il Bosco Verticale richiama la necessità di programmi mirati di manutenzione e controllo del verde, pianificati anche nei più piccoli dettagli. L'apparato vegetale del primo Bosco Verticale di Milano viene periodicamente curato attraverso periodici interventi di varia natura (potature, concimazioni, monitoraggi fitosanitari e dei sistemi di ancoraggio), gestiti direttamente dalla proprietà Porta Nuova e affidati a ditte specializzate. Il programma di manutenzione adottato garantisce consistenti economie di scala rispetto a una gestione frammentata dei lavori. La verifica dello stato di salute di alberi e arbusti e delle condizioni del terreno e dell'apparato radicale è affidata a una squadra di agronomi che coordina gli interventi e adatta il piano di manutenzione alle diverse condizioni stagionali, che sono poi eseguiti da una squadra di giardinieri e climber. Tutte le operazioni sono effettuate sia dall'interno dei balconi sia dall'esterno; queste ultime condotte grazie ad appositi cestelli sorretti da due gru fisse a sbalzo posizionate sulle coperture delle torri. Il programma di manutenzione prevede lo svolgimento di un intervento annuo esterno per la potatura e di quattro/sei interventi annui dall'interno mediante l'accesso agli appartamenti di una coppia di operai specializzati. Una volta al mese, tra maggio e ottobre, viene inoltre effettuato un controllo dell'andamento fitosanitario e dello stato di conservazione generale delle piante. Eventuali attacchi parassitari sono controllati biologicamente.

>> vedi Coccinelle, Irrigazione (sistema di)

Manna ash [*Fraxinus ornus*]   Tree or shrub of the *Oleaceae* family, it is widespread throughout southern Europe and Asia Minor. The northern limit of the species is indicated by the Alps and the Danube valley; the eastern by Syria and Anatolia. Very common in Italy throughout the whole peninsula from 1,000 metres above sea level in the north to 1,500 metres above sea level in the south, it is almost absent in the Po Valley. Resistant to harsh weather conditions, it is suitable for the reforestation of deserts and drought-stricken areas

and is grown for the production of manna, or in vineyards as a support for rows of vines. Reaching a height of up to 4-8 metres, it reproduces easily with planting.

Orniello [*Fraxinus ornus*]   Albero o arbusto della famiglia delle *Oleaceae*, è diffuso in Europa meridionale e nell'Asia minore. Il limite settentrionale della specie è costituito dall'arco alpino e dalla valle del Danubio; quello orientale dalla Siria e dall'Anatolia. Molto comune in Italia in tutta la penisola, dai 1.000 metri di altitudine al nord ai 1.500 metri s.l.m. al sud, è quasi assente nella Pianura Padana. Resistente a condizioni climatiche difficili, è adatto al rimboschimento di terreni aridi e siccitosi. Viene coltivato per la produzione della manna o nei vigneti, come sostegno ai filari di vite. Alto fino a 4-8 metri, si moltiplica facilmente con la semina.

85

Materials   The interaction in the Vertical Forest between mineral and vegetable architectural components opens unprecedented possibilities for experimentation on materials and finishes. In the first Vertical Forest created in Milan, the theme is explored through numerous design variants, including façade solutions based on wood paneling and exposed concrete. It was possible to observe a genuine archetypal draft version during construction of the latter version of the project, which had a strong plastic impact when the buildings had not yet been equipped with the ceramic cladding panels.

>> see Colour, Three dimensional façade

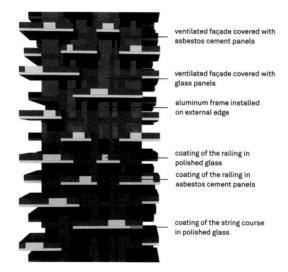

ventilated façade covered with
asbestos cement panels

ventilated façade covered with
glass panels

aluminum frame installed
on external edge

coating of the railing in
polished glass

coating of the railing in
asbestos cement panels

coating of the string course
in polished glass

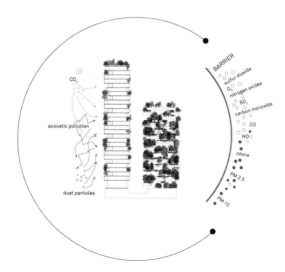

Materiali   L'interazione nel Bosco Verticale di componenti architettoniche minerali e vegetali apre a possibilità di sperimentazione inedita sui materiali e le finiture. Nel primo Bosco Verticale realizzato a Milano, il tema è stato esplorato attraverso numerose varianti progettuali. Tra queste si annoverano soluzioni della facciata basate su rivestimenti lignei e in cemento armato a vista. Di quest'ultima versione del progetto, dal forte impatto plastico, è stato possibile osservare una bozza archetipica al vero nel corso della costruzione, quando gli edifici non erano ancora dotati dei pannelli di ceramica di rivestimento.

>> vedi Colori, Facciata tridimensionale

Microclimates   The presence of plants in the Vertical Forest determines specific micro-meteorological and micro-climatic scenarios which vary depending on the dimensions of each apartment. The plant filters help to reduce the energy consumption of buildings (about 30% less), they absorb CO_2 (estimated to be about 19.825 kg/year in the case of the first Milan Vertical Forest), they filter out fine dust particles present in the air, mitigate noise pollution, protect from direct sunlight and wind and produce oxygen and moisture.

>> see Three-dimensional façade, Sustainability

Microclimi   La presenza delle piante nel Bosco Verticale determina specifici scenari micrometeorologici e microclimatici, che variano in funzione delle quote di ciascun appartamento. Il filtro vegetale contribuisce a ridurre il consumo energetico degli edifici (circa il 30% in meno), assorbire CO_2 (nella misura stimata di 19.825 kg/anno, nel caso del primo Bosco Verticale di Milano), filtrare le microparticelle di polvere sottile presenti nell'aria, mitigare l'inquinamento acustico, proteggere dai raggi del sole e dal vento, produrre ossigeno e umidità.

>> vedi Facciata tridimensionale, Sostenibilità

Mineral city   The idea of creating a tower completely surrounded by trees was conceived in 2007 in Dubai by Stefano Boeri, then director of "Domus", who thus described the frantic construction of one of the cradles of the new oil and financial capitalism, "a mineral city, made up of dozens of new towers and skyscrapers, all clad in glass or ceramic or metal, all reflecting the sunlight and therefore acting as heat generators in the air and especially on the ground inhabited by pedestrians". Another influence on the Vertical Forest's nascent project was an article by Spanish architect Alejandro Zaera-Polo, published in the same period in the journal of the School of Design at Harvard University (*High-Rise Phylum*, on: "Harvard Design Magazine" No. 26, Spring/

Summer 2007). This article provided a reading of the un-ecologically sustainable effects of "curtain wall" architecture, revealing in addition that about 94% of the tall buildings in the world built after 2000 were covered in glass. So in its initial conception, the Vertical Forest was therefore created in opposition to the "mineral city" of steel and glass, well represented in Dubai and effectively described by Zaera-Polo, with a new model of high level building able to incorporate plant life and to merge the principles of sustainability and biodiversity.

>> see Biodiversity, Demineralization, Energy device

Città minerale L'idea di realizzare una torre completamente circondata da alberi venne concepita nel 2007 a Dubai da Stefano Boeri, allora direttore di "Domus", che così descriveva la frenetica costruzione di una delle culle del nuovo capitalismo petrolifero e finanziario: "una città minerale, fatta di decine di nuove torri e grattacieli, tutti rivestiti di vetro o di ceramica o di metallo, tutti riflettenti la luce solare e dunque generatori di calore nell'aria e soprattutto sul suolo abitato dai pedoni". A influenzare il nascente progetto del Bosco Verticale contribuiva anche un articolo dall'architetto spagnolo Alejandro Zaera-Polo, pubblicato nello stesso periodo sulla rivista della scuola di Design dell'Harvard University (*High-Rise Phylum*, su: "Harvard Design Magazine" n. 26, Spring/Summer 2007). Tale articolo forniva una lettura degli effetti non ecologicamente sostenibili dell'architettura del "curtain wall", rivelando inoltre come circa il 94% degli edifici alti costruiti nel mondo dopo il 2000 fossero rivestiti in vetro. Nella sua prima concezione il Bosco Verticale nasce dunque in antitesi alla "città minerale" d'acciaio e vetro, ben rappresentata da Dubai ed efficacemente descritta da Zaera-Polo, proponendo un nuovo modello di edificio di alte proporzioni capace di inglobare la vita vegetale e di fondere i principi della sostenibilità e della biodiversità.

>> vedi Biodiversità, Demineralizzazione, Dispositivo energetico

Mute architecture The Vertical Forest takes a picture of a state of uncertainty in traditional architectural practices, and looks at the need to revitalize the language of design through the use of external elements in which nature takes its place as size, shape and material. In opposition to the idea of "shouted" architecture, the architecture of the grand gesture which circumscribes, tames or puts "green" on a pedestal, the Vertical Forest speaks the elementary architectural language of "mute" architecture, which takes second place in order to support the growth and the imperfection of plant life.

>> see Biodiversity, Basic radicality, Villas

Architettura muta Il Bosco Verticale fotografa uno stato di incertezza delle pratiche architettoniche tradizionali, e guarda alla necessità di rivitalizzare il linguaggio del progetto attraverso l'adozione di elementi esterni, nei quali la natura si costituisce come misura, forma e materia. Contrapponendosi all'idea di architettura "urlata", architettura del grande gesto, che circoscrive, addomestica o mette in scena "il verde", il Bosco Verticale parla il linguaggio architettonico elementare dell'architettura "muta", che si pone in secondo piano per assecondare la crescita e l'imperfezione della vita vegetale.

>> vedi Biodiversità, Radicalità Iosica, Ville

Nightingale [*Luscinia megarhynchos*] A migratory passerine bird of the *Muscicapidae* family, measuring about 16 cm. It is widespread and very common in Asia, Europe and North Africa and it can be found in dense deciduous forests or thickets and particularly prefers moist soil. It nests close to the ground and its singing, considered one of the most beautiful among the songbirds, consists of single and dual tones densely aligned with one another. In the cities it is often forced to sing at a greater volume to overcome the noise. In early Spring the singing takes place mostly at night and serves to indicate territory and attract females.

Usignolo [*Luscinia megarhynchos*] Uccello migratore passeriforme della famiglia dei Muscicapidi, delle dimensioni di circa 16 centimetri. Diffuso e molto comune in Asia, Europa e Nordafrica, si può trovare in foreste decidue fitte o in boscaglie e predilige in particolare i terreni umidi. Nidifica vicino al terreno. Il suo canto, considerato tra i più belli tra gli uccelli canori, è composto di toni singoli e doppi densamente allineati l'uno all'altro. Nelle città è spesso indotto a cantare a un volume maggiore per sovrastare il rumore. A inizio primavera il canto avviene prevalentemente di notte e serve per la delimitazione delle riserve e l'attrazione delle femmine.

Nursery The presence of the plant components in the Vertical Forest makes it more similar to a set of processes rather than an architectural object tout court; this set of processes can be articulated over time and which may precede or follow the birth of the building itself. One of the most important of these is the process regarding the cultivation and selection of trees to be planted, which in order to best adapt to the growth

conditions found in the Vertical Forest must develop specific qualities in terms of size, structural strength and a guarantee of overcoming the post-transplant phase. In order to achieve this, for the first time in Italy, in the case of the Milan Porta Nuova Vertical Forest a two year pre-cultivation contract was signed. During the summer of 2010, the plants intended to be planted later on the two towers were taken from their nurseries of origin and placed inside special recyclable plastic air-pot containers located in the Peverelli nursery near Como: the botanical "nursery" chosen by the contracting company. The material, dimensions and mechanical characteristics of the air-pots were specifically calibrated to allow them to adapt to the growth of the trees, and at the same time to promote the formation of a root system in the plants with the required size, characteristics, balance and ample supply of radicles. During the growth period in the "nursery", the Vertical Forest project group experts were able to verify and in some cases correct the structural conformation of the trees in order to obtain a foliage format that would be most suitable for the final growth environment.

>> see Implantation (criteria of), Plants (selection of)

Vivaio La presenza della componente vegetale nel Bosco Verticale lo rende maggiormente assimilabile a un insieme di processi piuttosto che a un oggetto architettonico tout court; insieme di processi che può articolarsi nel tempo e che può precedere o seguire la nascita dell'edificio vero e proprio. Uno tra i più importanti è il processo riguardante l'allevamento e la selezione degli alberi da impiantare, i quali, per adattarsi al meglio alle condizioni dei crescita nel Bosco Verticale, devono sviluppare specifiche qualità in termini di dimensione, resistenza strutturale, garanzia di superamento della fase di post trapianto. A tale scopo, per la prima volta in Italia, nel caso del Bosco Verticale di Milano Porta Nuova è stato attivato un contratto di precoltivazione della durata di due anni. Nel corso dell'estate 2010 le piante destinate a essere successivamente impiantate sulle due torri sono state prelevate dai vivai di origine e poste entro speciali contenitori air-pot di materiale plastico riciclabile ospitati nel vivaio Peverelli, vicino Como: la "nursery" botanica allestita appositamente all'interno del vivaio. Materiale e dimensioni degli air-pot sono stati specificatamente calibrati per permettere loro di adattarsi alla crescita degli alberi, e allo stesso tempo per favorire la formazione nelle piante di un apparato radicale delle dimensioni e delle caratteristiche ricercate, equilibrato e ricco di radichette. Durante il periodo di crescita alla "nursery", gli esperti del gruppo di progetto del Bosco Verticale hanno potuto verificare e in alcuni casi correggere la conformazione strutturale degli alberi, allo scopo ottenere una forma della chioma compatibile al massimo con l'ambiente finale di crescita.

>> vedi *Piantagione (criteri di), Piante (selezione delle)*

Pallid swift [*Apus pallidus*]   A bird of the *Apodidae* family, lighter in colour than the common swift but with a similar song. It has a large natural habitat, estimated at between 1,000,000 and 10,000,000 km², even if it reproduces only in southern Europe. Throughout the entire European continent, the population is calculated at between 77,000 and 320,000 specimens: an amount that testifies to its classification as a low-risk species. It chooses to nest mainly in slits or holes in the exterior walls of buildings.

Rondone pallido [*Apus pallidus*]   Uccello della famiglia delle *Apodidae*, più chiaro del Rondone comune ma dotato di un verso simile. Ha un ampio areale, stimato tra 1.000.000 e 10.000.000 km², anche se si riproduce esclusivamente in Europa meridionale. Nell'intero continente europeo la popolazione è calcolata un numero variabile tra 77.000 e 320.000 esemplari: quantità che testimoniano la classificazione a basso rischio della specie. Sceglie per la nidificazione prevalentemente le feritoie o i fori presenti sulle pareti esterne degli edifici.

Parrot [*Psittaciformes*]   The common name of parrot is used to refer to *Psittaciformes*, an order of birds including several neornithe species. Divided into three families, the order is very widespread in tropical and subtropical areas throughout most of the planet: the greatest level of biodiversity is found in South America and Australasia. The bright colours which almost all parrots have, along with the ability to emit "spoken" sounds, make them very popular as pets.

89

Pappagallo [*Psittaciformes*] Con il nome comune di pappagallo vengono indicati gli Psittaciformi, un ordine di uccelli neorniti comprendente numerose specie. Diviso in tre famiglie, l'ordine è ben diffuso nelle aree tropicali e subtropicali della maggior parte del Pianeta: i picchi di biodiversità sono raggiunti in America Meridionale e in Australasia. I colori sgargianti di cui sono dotati quasi tutti i pappagalli, insieme alla capacità di emettere suoni "parlati", li rende molto apprezzati come animali da compagnia.

Plants (selection of) The unique growing conditions in the Vertical Forest require a choice of trees with precise characteristics. All the medium and large plants planted in the first Vertical Forest in Milan have been selected according to a combination of aesthetic (related to their ornamental potential) and technical (related to safety and maintenance over time) criteria. In particular this evaluation took account of the structural strength of the trees and of their innate ability to adapt, or in other words, the ability to tolerate external stress and pruning in order to maintain foliage without losing their natural appearance. Among other characteristics of the plants of the Vertical Forest is the presence of a non-aggressive root system, reduced allergenic potential, efficiency in· micro-anchoring, ease of maintenance and resistance to disease.

>> see Wind tunnel, Implantation (criteria of), Nursery, Soil

Piante (selezione delle) Le particolari condizioni di crescita nel Bosco Verticale richiedono la scelta di alberi dotati di precisi requisiti. Tutte le piante di medie e grandi dimensioni impiantate nel primo Bosco Verticale di Milano sono state selezionate intrecciando criteri estetici (legati al potenziale ornamentale) e tecnici (legati alla sicurezza e al mantenimento nel tempo). La valutazione ha in particolare tenuto conto della resistenza strutturale degli alberi e della loro innata capacità di adattamento, o, in altre parole, dell'attitudine a tollerare le sollecitazioni esterne e le azioni di potatura per il mantenimento della chioma senza perdere il loro aspetto naturale. Tra le altre caratteristiche peculiari delle piante del Bosco Verticale: la presenza di un apparato radicale non aggressivo, il ridotto potenziale allergenico, l'efficienza nel micro-fissaggio, la facilità di manutenzione, la resistenza alle malattie.

>> vedi Galleria del vento, Piantagione (criteri di), Vivaio, Terreno

Plant species The first Vertical Forest serves as a habitat for about 100 different plant species, more than those commonly found in a public park in the neighbourhood of about 5,000 m².

90

Specie vegetali Il primo Bosco Verticale funge da habitat per circa 100 specie vegetali diverse, più di quante comunemente presenti in un parco pubblico di quartiere di circa 5.000 m².

Pots The plant pots themselves are a project-in-a-project of the Vertical Forest. In the first version of the Milan Vertical Forest, these items are placed along the peripheral edges of all balconies, with a linear development of approximately 2 km, different depth levels (50 to 110 cm) and a constant height (1 metre 10 cm). The size of the pots was calibrated to ensure the appropriate conditions for the development of the plants while considering the specific parameters involved in their nourishment and the satisfying of their water requirements. Made of concrete, the pots have been designed to ensure water resistance and drainage ability, as well as preserving the specific features of the soil, which should not be too "loose" in order not to adversely affect the stability of the turf. The substrate in which the roots grow is maintained at a distance from the waterproofing membrane on the bottom of the pots through a separation and drainage layer, consisting of two filters of non-synthetic fabric: a root barrier in low-density PE (very ductile) and a particular geo-textile which isolates the roots from the walls through the formation of a sort of air chamber. Within the pots there are fixing systems for attaching the metal anchorage bars of the plants, designed not to adversely affect the waterproofing abilities of the pots themselves. On the bottom there is a separation layer and a steel-welded mesh, which acts as an anchor for the earth in which the roots develop. For larger trees an additional anchoring plane was prepared, based on steel cables, able to adapt over time to the flexibility and growth of the plant. Management of the pots is subject to building regulations, as with maintenance of the greenery and the number of plants per pot.

>> see Anchor systems, Balconies, Irrigation system, Maintenance system, Structure, Soil

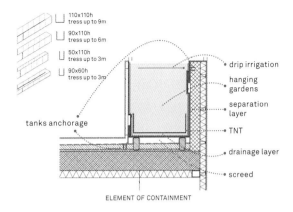

110x110h tress up to 9m
90x110h tress up to 6m
50x110h tress up to 3m
90x60h tress up to 3m

tanks anchorage

drip irrigation
hanging gardens
separation layer
TNT
drainage layer
screed

ELEMENT OF CONTAINMENT

Vasche Le vasche per le piante costituiscono un progetto-nel-progetto del Bosco Verticale. Nel primo caso di Bosco Verticale, a Milano, tali elementi sono posti lungo i bordi perimetrali di tutti i balconi, con uno sviluppo lineare complessivo di circa 2 km, differenti livelli di profondità (da 50 a 110 cm) e un'altezza costante (1 metro e 10 cm). Il dimensionamento delle vasche è stato calibrato per garantire condizioni adeguate per lo sviluppo dell'apparato vegetale e tenendo conto di precisi parametri legati al nutrimento e al soddisfacimento dei fabbisogni idrici delle piante. Realizzate in cemento, le vasche sono state studiate per garantire resistenza all'acqua e capacità di drenaggio, oltre che per preservare le specificità del terreno, che non può risultare eccessivamente "sciolto" al fine di non influenzare negativamente la stabilità della zolla. Il substrato in cui crescono le radici è mantenuto distanziato dalla membrana impermeabilizzante posta sul fondo delle vasche attraverso uno strato di separazione e drenaggio, costituito da due filtri di non-tessuto sintetico: una guaina antiradice in PE a bassa densità (molto duttile) e un particolare geotessuto che isola le radici dalle pareti attraverso la formazione di una sorta di camera d'aria. Entro le vasche trovano posto i sistemi di aggancio per il fissaggio delle barre metalliche di ancoraggio delle piante, studiati per non incidere negativamente sulla capacità di impermeabilizzazione delle vasche stesse. Sul fondo è presente uno strato di separazione e una rete d'acciaio saldato, che funge da ancoraggio

91

per la zolla di terra in cui affondano le radici. Per gli alberi più grandi è stato predisposto un ancoraggio aereo supplementare, basato su cavi d'acciaio, in grado di adattarsi nel tempo alla flessibilità e alla crescita della pianta. La gestione delle vasche è sottoposta a regolamento edilizio, così come la manutenzione del verde e il numero di piante per ogni vasca.

>> vedi Ancoraggio, Balconi, Irrigazione (sistema di), Manutenzione (sistema di), Struttura, Terreno

Redstart [*Phoenicurus Phoenicurus*]   A small migratory passerine bird, attributed to the *Muscicapidae* family. It winters in the tropical countries from the Red Sea to the African lakes and during the warm seasons lives throughout all of Europe, but also in North Africa and more rarely in the islands. The male reaches the warm places first in early April, often a few days ahead of the female. It lives in woods and in public parks, especially where there are trees with many cavities that are used by the females to build nests with a typical amphora shape.

specie laddove siano presenti alberi con molte cavità, sfruttate dalle femmine per costruire nidi dotati di una tipica forma ad anfora.

Replicability   The Vertical Forest has also been designed to be a variable and replicable model, able to form the basis for a series of interconnected interventions. This attribute is due directly to its ability to act as an attracting element for biodiversity and as a driving force for new urban centres. One example is the Vertical Forest created at Porta Nuova in Milan, close to the important infrastructure of the Garibaldi Repubblica area and designed as the first of a potential sequence of grafts in areas located near major underground stations in the city. The Vertical Forest model can also be adapted to different types of intervention – public buildings or private residential structures, tertiary sector, representational or public structures – and can add value to abandoned buildings or those whose construction has been interrupted.

>> see Biodiversity, Urban traffic

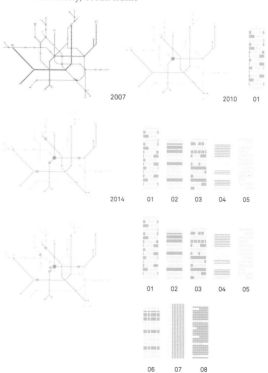

Codirosso [*Phoenicurus Phoenicurus*]   Piccolo uccello migratore passeriforme, attribuito alla famiglia *Muscicapidae*. Sverna nei paesi tropicali del Mar Rosso fino ai laghi africani e vive durante le stagioni calde in tutta l'Europa, ma anche in Nord Africa; più raramente nelle isole. Il maschio raggiunge per primo i luoghi caldi all'inizio di aprile, spesso precedendo di alcuni giorni la femmina. Vive nei boschi e nei parchi pubblici,

Replicabilità Il Bosco Verticale è concepito anche per essere un modello variabile e replicabile, capace di costituire la base per una serie di interventi, tra loro interconnessi. Tale attributo va ricondotto direttamente alla sua capacità di fungere da attrattore per la biodiversità e da volano per nuove centralità urbane. Ne è esempio il Bosco Verticale realizzato a Milano Porta Nuova, prossimo all'importante nodo infrastrutturale dell'area Garibaldi Repubblica, concepito come il primo di una sequenza potenziale di innesti nelle aree poste in prossimità delle principali stazioni della metropolitana della città. Il modello del Bosco Verticale può anche essere adattato a differenti tipologie di intervento – edifici pubblici o privati residenziali, del terziario, di rappresentanza o pubblici – e può aggiungere valore agli edifici abbandonati o la cui costruzione sia stata interrotta.

>> vedi Biodiversità, Traffico urbano

Robin [*Phoenicurus Phoenicurus*] A small passerine songbird of the *Muscicapidae* family, it is the only known species of the genus *Erithacus*. It is widespread throughout Eurasia and North Africa, in an area extending from the islands of the Azores to the west to western Siberia in the east. Its favoured habitat is coniferous forests, but it is often found in other types of woods and gardens. The nest, in the shape of a perfectly round cup, is made in holes or cracks in trees, at the foot of hedges or even in old objects abandoned by man. It has a distinctive song, consisting of a series of varied and well-defined short warbling phrases.

Pettirosso [*Phoenicurus Phoenicurus*] Piccolo uccello canoro passeriforme della famiglia dei *Muscicapidae*, è l'unica specie nota del genere *Erithacus*. È diffuso in Eurasia e Nordafrica, in un'area che si estende dalle isole Azzorre, a ovest, alla Siberia occidentale, a est. Elegge come proprio habitat privilegiato i boschi di conifere, ma è spesso presente anche in altri tipi di bosco o nei giardini. Il nido, dalla forma di una tazza perfettamente rotonda, viene realizzato nei buchi o nelle spaccature degli alberi, ai piedi delle siepi o anche in vecchi oggetti lasciati dall'uomo. Ha un canto caratteristico, costituito da una serie variata e definita di frasi corte e altamente gorgheggiate.

Rose of Sharon [*Hypericum calycinum*] A semi-evergreen shrub of the genus *Hypericum*, widespread throughout the Middle East and Eastern Mediterranean, especially in the Strandja mountains along the Black Sea coast. Often grown for its large yellow flowers with five petals, it remains rather small in size with a maximum height of 1 metre and 2 inches in width. The elongated leaves grow in opposing pairs.

93

Iperico [*Hypericum calycinum*] Arbusto semi-sempreverde del genere *Hypericum*, ampiamente diffuso in Medio oriente e nell'Europa mediterranea, in particolare nelle montagne della Strandja lungo le coste del Mar Nero. Spesso coltivato per i suoi grandi fiori gialli, a cinque petali, mantiene dimensioni piuttosto contenute: al massimo 1 metro di altezza e 2 di larghezza. Le foglie allungate crescono in coppie opposte.

Serin [*Serinus Serinus*] A bird of the *Fringillidae* (finch) family and a close relative of the wild canary. It is widespread throughout Europe, Asia, North Africa and prefers wooded countryside, parks and gardens. Very common in the temperate and warm regions of Europe, it does not venture far into the northern areas of the continent. In Italy it is more frequent in the Centre and South in the cold season; in the north in the summer and also in the Alps. Highly sociable, it forms small flocks of about a dozen specimens and often looks for food on the ground, where it jumps from place to place. It can be bred as an ornamental bird and to be re-introduced.

Verzellino [*Serinus Serinus*] Uccello della famiglia *Fringillidae*, parente prossimo del canarino selvatico. È diffuso in Europa, Asia, Africa del nord, preferibilmente nelle campagne alberate, nei parchi e nei giardini. Molto comune nelle regioni temperate e calde d'Europa, non si spinge molto nelle aree settentrionali del Continente. In Italia è più frequente al Centro e al Sud nelle stagioni fredde; al Nord in estate, anche sulle Alpi. Socievole, si aggrega in piccoli stormi di circa una decina di esemplari e spesso ricerca il cibo al suolo, dove saltella. Può essere allevato come uccello ornamentale e per essere reintrodotto.

Snowy mespilus [*Amelanchier lamarckii*] A deciduous shrub belonging to the *Rosaceae* family, native to North America and widely naturalized in Europe. Very durable, it is often grown as an ornamental plant. It produces fragrant white star-shaped flowers and dark red sweet edible fruit which becomes dark purple when ripe.

Pero corvino nord-americano [*Amelanchier lamarckii*] Arbusto caducifoglio appartenente alla famiglia delle *Rosaceae*, originario del Nord America e ampiamente naturalizzato in Europa. Molto resistente, spesso viene coltivato come pianta ornamentale. Produce fiori bianchi e profumati a forma di stella e frutti color rosso scuro commestibili e dolci, che diventano viola scuro una volta maturi.

Soil The creation of the Vertical Forest has offered the opportunity to develop a wide range of technological and design innovations, among which are those concerning the characteristics of the cultivation substrate used for the growth of the plants. The substantial weight of the pots, combined with the notable overhang of the balconies, made it necessary to identify specific solutions that minimize the load imposed on the building – and therefore the size of the load-bearing structures. For this purpose a particular soil was identified that was very light but at the same time able to meet the nutritional needs of the plants. It is formed by a mixture of organic and inorganic materials, well drained and enriched with fertilizers. The dimension criteria combine the need to limit the volume of the pots with a guarantee of the best growth conditions for the trees, and can be summarized in a simple datum: one metre of thickness of the cultivation substrate.

>> see Balconies, Irrigation system, Plants (selection of), Structure, Pots

Terreno La realizzazione del Bosco Verticale ha offerto la possibilità di sviluppare numerose innovazioni tecnologiche e progettuali. Tra queste quella riguardante le caratteristiche del substrato di coltivazione per la crescita delle piante. Il peso consistente delle vasche, unito al forte sbalzo dei balconi, ha reso necessario individuare soluzioni specifiche atte a minimizzare il carico gravante sull'edificio – e quindi il dimensionamento delle strutture portanti. A tale scopo è stato individuato un particolare terreno, molto leggero ma allo stesso tempo capace di soddisfare le esigenze nutrizionali delle piante, formato da una miscela di materiali organici e inorganici, ben drenati e arricchiti con concimi. I criteri per il dimensionamento coniugano la necessità di contenere il volume delle vasche con la garanzia delle migliori condizioni di crescita per gli alberi, e possono essere riassunti in un dato essenziale: un metro di spessore del substrato di coltivazione.

>> vedi Balconi, Irrigazione (sistema di), Piante (selezione delle), Struttura, Vasche

Spotted flycatcher [*Muscicacapa striata*] A small migratory passerine bird of the *Muscicapidae* family, measuring an average of 14 centimetres in length and 16 grams in weight. It nests in most parts of Europe, North Africa and western Asia. It usually winters in sub-Saharan Africa and south-west Asia. In Italy it is both resident and transitory, although in recent years there has been seen a significant reduction in its presence. It prefers sunny forests, parks, gardens and more generally open surfaces with numerous scattered trees.

Pigliamosche [*Muscicacapa striata*] Piccolo uccello migratorio passeriforme della famiglia dei Muscicapidi, misura in media 14 centimetri di lunghezza e 16 grammi di peso. Nidifica nella maggior parte delle regioni d'Europa del Nord Africa e dell'Asia occidentale. È solito svernare nell'Africa sub-sahariana e nel sud-ovest dell'Asia. In Italia è sia nidificante sia di passo, anche se negli ultimi anni si sta registrando una riduzione notevole nella sua presenza. Predilige le foreste soleggiate, i parchi, i giardini e più in generale le superfici aperte con molti alberi sparsi.

Star jasmine [*Rhynchospermum jasminoides*] A climbing shrub of the *Apocinacee* family, a native of Southeast Asia (Japan, Korea, China and Vietnam) but spread throughout different areas of the globe, particularly in the south-eastern United States. It is often grown as an ornamental and household plant, as well as in gardens and public spaces and can also be trained over pergolas. The leaves are evergreen, opposed and the flowers have five stamens placed on a white rotated corolla.

Rincospermo [*Rhynchospermum jasminoides*] Arbusto rampicante della famiglia delle Apocinacee, nativo del sud-est asiatico (Giappone, Corea, Cina e Vietnam) ma diffuso in diverse aree del Pianeta, in particolare nel sud-est degli Stati Uniti. Spesso è coltivato come pianta ornamentale e di appartamento, oltre che nei nei giardini e negli spazi pubblici. Può anche essere utilizzato come copertura di pergolati. Le foglie sono sempreverdi, opposte, i fiori hanno cinque stami, inseriti su una corolla bianca e rotata.

Strawberry tree [*Arbutus unedo*]   A shrub or small tree belonging to the *Ericaceae* family, widespread in the countries of the western Mediterranean and southern coasts of Ireland. It resembles a bushy evergreen shrub with new young branches being of a reddish colour, and its height varies from 1 to 8 metres. The fruits ripen in the year following the flowering from which they grow: in autumn the presence of flowers and ripe fruit makes the plant particularly ornamental. It prefers acidic soils, and grows at altitudes between 0 and 800 metres above sea level.

Corbezzolo [*Arbutus unedo*]   Cespuglio o piccolo albero appartenente alla famiglia delle *Ericaceae*, diffuso nei paesi del Mediterraneo occidentale e nelle coste meridionali d'Irlanda. Si presenta come un arbusto sempreverde molto ramificato, con rami giovani di colore rossastro. L'altezza varia da 1 a 8 metri. I frutti maturano nell'anno successivo rispetto alla fioritura che dà loro origine: in autunno la compresenza di fiori e frutti maturi rende la pianta particolarmente ornamentale. Predilige terreni silicei e vegeta ad altitudini comprese tra 0 e 800 metri s.l.m.

Structures   The structures or frameworks of the two towers of the first Vertical Forest are in reinforced concrete cast on site; a similar material is used for floors,

made of post-tensioned concrete. The post-stress technique allowed the slab thickness to be limited at equal flow rates, and thus limiting the amount of cement used in the construction. The foundations do not have any structural differences to the standard construction types. Developed by Arup Italia, the structural design provides a maximum internal span of about 10 m, with terrace overhangs of about 3.25 m (6 m for the corner terraces). The presence of pots on the edges of the balconies created considerable structural loads for the design: 11kN/m for those containing plants with heights of up to 3 m and 13kN/m for pots with trees up to 6 m (+ 7kn/m for trees with a minimum base of 3 m). The project also takes into account the increase in weight of a tree over time: it is estimated that the largest tree (6 metres high), without turf or soil, can during its life almost double its weight, so the project calculation is as follows: 300 kg of weight for the largest tree at time of planting and 600 kg (max) for the same tree during its lifetime. To these loads should be added the dynamic stresses induced by the wind. During the design phase, a geometric-dimensional study of the plant species selected was carried out in order to determine: the height of the trunk, the area and centre of gravity of the foliage and air permeability. The structural design also benefited from tests carried out in the wind tunnel on scale models and full size ones.

>> see Wind tunnel, Anchor systems, Soil, Pots

Struttura Le strutture portanti delle due torri del primo Bosco Verticale sono in cemento armato gettato in opera; analogo materiale anche per i solai, realizzati in calcestruzzo con sistema post teso. La tecnica della post-tensione ha consentito di contenere lo spessore della soletta, a parità di portata, e di limitare consistentemente l'impiego di cemento nella costruzione. Le fondazioni non presentano peculiarità strutturali rispetto alle tipologie costruttive standard. Sviluppato da Arup Italia, il progetto strutturale prevede una campata massima interna di circa 10 m, con sbalzi dei terrazzi di circa 3,25 m (6 m nei terrazzi ad angolo). La presenza delle vasche sui bordi perimetrali dei balconi comporta carichi strutturali di progetto considerevoli: 11kN/m per quelle che ospitano piante con altezze fino a 3 m e 13kN/m per vasche con alberi alti fino a 6 m (+ 7kN/m per albero a un interasse minimo di 3 m). Il progetto tiene conto inoltre dell'aumento di peso di un albero nel tempo: si stima che l'albero maggiore (6 metri di altezza), senza zolla, durante la sua vita possa arrivare fino a raddoppiare il proprio peso. A progetto si è assunto quindi: 300 kg di peso dell'albero di dimensioni maggiori al momento della posa e 600 kg (max) dello stesso albero nell'arco della sua vita. A questi carichi si aggiungono le sollecitazioni dinamiche indotte dal vento. In fase di progetto è stato effettuato uno studio geometrico-dimensionale delle essenze vegetali selezionate, allo scopo determinare: altezza del fusto, superficie e baricentro della chioma, permeabilità all'aria. Il progetto strutturale si è avvalso anche delle prove effettuate in galleria del vento su modelli in scala e a dimensione reale.

>> vedi Galleria del vento, Sistemi di ancoraggio, Terreno, Vasche

Sustainability The Milan Porta Nuova Vertical Forest is part of a complex comprising 25 pre-certified LEED (Leadership in Energy and Environmental Design) buildings. This is the most important international instrument for energy and environmental cer-

tification of the design and implementation process. Even though the energy sustainability criterion is part of its founding principles, the Vertical Forest is nevertheless the result of a vision that puts the concept of biodiversity before that of sustainability. While the primary goal of sustainable architecture is to minimize its impact on the environment while always keeping a strong anthropocentric vision of the project, the approach to the concept of biodiversity within the Vertical Forest is based on the idea that mankind is just one of the many presences on the planet, and that is why new forms of cohabitation have to be found.

>> see Biodiversity, Continuous City, Microclimates, Basic radicality, Humans

Sostenibilità Il Bosco Verticale di Milano Porta Nuova è parte di un complesso comprendente 25 edifici pre-certificati LEED (Leadership in Energy and Environmental Design), il più importante strumento internazionale di certificazione energetica e ambientale del processo progettuale e attuativo. Nonostante il criterio della sostenibilità energetica appartenga ai suoi principi fondativi, il Bosco Verticale è tuttavia frutto di una visione che, al concetto di sostenibilità, antepone quello di biodiversità. Mentre l'obiettivo primario dell'architettura sostenibile è quello di minimizzare il proprio impatto nell'ambiente, ma sempre mantenendo una visione fortemente antropocentrica del progetto, l'approccio all'insegna della biodiversità del Bosco Verticale si basa sull'idea che l'uomo sia solo una tra le molte presenze sul Pianeta, e che per questo occorra cercare nuove forme di coabitazione.

>> vedi Biodiversità, Città Continua, Microclimi, Radicalità basica, Umani

Swallow [*Hirundo rustica*] A small migratory bird of the Passeriformes order (*Hirundinidae* family), it is characterized by a long forked tail, sharp curved wings and a small straight dark grey beak. A widespread bird, (the global population of swallows is estimated to be at least 200 million), it is found in Europe, Asia, Africa, the Americas and Australia. During the winter it forms large roosts in reed beds, while in the nesting period its preferred habitat is agricultural areas. The nest is in the form of an open cup and made of mud and plant material.

Rondine comune [*Hirundo rustica*]   Piccolo uccello migratore dell'ordine dei passeriformi, famiglia *Hirundinidae*, caratterizzato da una coda lunga e biforcuta, da ali curve e aguzze e da un piccolo becco diritto di color grigio scuro. Molto diffuso (la popolazione globale di rondini comuni è stimata in almeno 200 milioni di individui), è presente in Europa, in Asia, in Africa, nelle Americhe, in Australia. Durante il periodo di svernamento si riunisce in dormitori nei canneti, mentre nel periodo di nidificazione elegge come proprio habitat privilegiato le zone agricole. Il nido è a forma di coppa aperta e fatto di fango e materiale vegetale.

Rondone [*Apus apus*]   Uccello migratore dell'ordine degli Apodiformi, è lungo 15-18 cm e ha un'apertura alare di 35-40 cm. Ha la peculiarità di avere il femore direttamente collegato alla zampa. Tale caratteristica fa sì che non tocchi mai il suolo in tutta la sua vita: se si posasse a terra, la ridotta funzionalità delle zampe non gli consentirebbe infatti di riprendere il volo. Vive in quasi tutt'Europa, in gran parte dell'Asia e nell'Africa mediterranea e meridionale, specialmente negli ambienti antropizzati, fino ai 2.000 metri di quota. Costruisce il nido nelle cavità naturali delle rocce o degli alberi, ma più spesso in ambienti artificiali, come le grondaie o i cornicioni degli edifici.

98

Swift [*Apus apus*]   A migratory bird of the *Apodiformes* order, it is 15-18 cm long and has a wingspan of 35-40 cm. It is peculiar in that the femur is directly connected to the claw. This feature ensures that it never touches the ground throughout its life: if it perches on the ground, the limited functionality of the legs is such that it does not resume flight. It lives almost everywhere in Europe, most of Asia and Africa and the southern Mediterranean, especially in anthropic environments and up to 2,000 metres of altitude. It builds its nest in natural cavities in rocks or trees, but more often in artificial environments, such as gutters or the eaves of buildings.

The Baron in the Trees   Written by Italo Calvino in 1957, *Il barone rampante* (The Baron in the Trees) is a novel, the second chapter of the heraldic trilogy *I nostri antenati* (Our ancestors) which also includes *Il visconte dimezzato* (The Cloven Viscount, 1952) and *Il cavaliere inesistente* (The Nonexistent Knight, 1959). Set in Ombrosa, a fictional village in the Ligurian Riviera, it tells the story of a young baron, Cosimo Piovasco di Rondò, the eldest son of a lapsed noble family. After a futile argument with his father on June 15th 1767, the adolescent Cosimo climbs the trees in the garden of the house and never comes down. From that point on, his life is spent up in the trees until the day when, to everyone's surprise, Cosimo climbs to the top of a high tree, and from there grabs onto a balloon passing by, and disappears over the sea. The deep and extreme interaction between tree and man – Cosimo, who doesn't want to touch the earth "even when dead" – takes on symbolic as well as poetic characters in the novel. Cosimo is a lonely man in his condition but he manages to interact in an incredibly wide and diversified way with the world on the ground, even so far as to create community. The Vertical Forest, a big tree for living, can be interpreted as an experiment that puts a range of conditions and suggestions in place imagined by Calvino's novel, interpreting the man-tree, tree-man interaction on a different level.

>> see Big tree

Il barone rampante Scritto da Italo Calvino nel 1957, *Il barone rampante* è un romanzo, secondo capitolo della trilogia araldica *I nostri antenati*, cui fanno parte anche *Il visconte dimezzato* (1952) e *Il cavaliere inesistente* (1959). Ambientato a Ombrosa, un paesino immaginario della riviera ligure, narra la storia di un giovane barone, Cosimo Piovasco di Rondò, primogenito di una famiglia nobile decaduta. Dopo un futile litigio con il padre, avvenuto il 15 giugno 1767, l'adolescente Cosimo salirà sugli alberi del giardino di casa per non scenderne più. Da lì in poi la sua vita si svolgerà sempre sugli alberi fino al giorno in cui, sorprendendo tutti, Cosimo si arrampicherà sulla cima di un albero altissimo e da lì si aggrapperà a una mongolfiera di passaggio, per scomparire sul mare. L'interazione profonda ed estrema tra albero e uomo – Cosimo, che non vorrà toccare terra "neanche da morto" – assume nel romanzo caratteri simbolici, oltre che poetici. Cosimo è uomo solitario nella sua condizione ma riesce a interagire in maniera incredibilmente vasta e ramificata con il mondo a terra, fino a creare comunità. Il Bosco Verticale, grande albero da abitare, può essere interpretato come un esperimento che mette in atto alcune condizioni e suggestioni immaginate dal romanzo di Calvino, interpretando su un diverso piano l'interazione uomo-albero, albero-uomo.

>> vedi Grande albero

The house of the woods Among the reference projects for the Vertical Forest, mention should be made of "the house in the woods", built in 1969 by Cini Boeri, Stefano's mother. Built between Osmate and Taino and not far from Lake Maggiore in the province of Varese, the house was set completely within a birch forest. The layout is structured so as to avoid the felling of large trees. The different areas of the house (day, night, parents, children and guests) are differentiated through the joints of the building, generating more or less deep recesses that are home to plants. The outer wall is of exposed concrete, with many openings onto the outside and very few inside walls, while the rooms are divided by the use of sliding walls and different heights.

La casa nel bosco Tra i progetti di riferimento del Bosco Verticale occorre menzionare la casa nel bosco, realizzata nel 1969 da Cini Boeri, madre di Stefano. Costruita tra Osmate e Taino non lontano dal lago Maggiore, nella provincia di Varese, la casa è ambientata interamente in un bosco di betulle. La pianta è articolata in modo da evitare l'abbattimento dei grandi alberi. Le diverse zone della casa (giorno, notte genitori, figli ed ospiti) si differenziano attraverso le articolazioni del fabbricato, generando insenature più o meno profonde che ospitano le piante. Il muro perimetrale è in cemento a vista, con molte aperture verso l'esterno e pochissime pareti all'interno, le separazioni dei locali sono ottenute con pareti scorrevoli e con differenziazioni di quote.

Third Landscape The concept of "Third Landscape", coined by the French landscape architect Gilles Clément, defines the sum of the areas abandoned by man in which nature has regained control, such as brownfield sites or traffic dividers where weeds and brambles grow: widespread residual and very different formations but crucial for the conservation of biodiversity. The absence of any human activity joins these fragments of landscape to the great places of the planet dominated by nature: institutionally protected uninhabited regions, protected areas, parks and reserves, naturally created reserves (inaccessible places, deserts, mountain peaks...). According to Clément the Vertical

100

Forest presents various similar aspects to the Third Landscape, especially the variety of plant species present and the widespread sense of boundary between plant micro-landscape and anthropized micro-landscape. At the same time the French landscape architect identifies one element of fundamental differentiation in the biodiversity conditions of the Vertical Forest and the Third Landscape: in the former they are the result of an initial act of design and are arrived at very quickly; in the latter they are completely spontaneous and require several years.

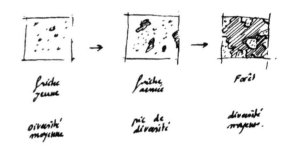

Terzo paesaggio Il concetto di "Terzo paesaggio", coniato dall'architetto paesaggista francese Gilles Clément, definisce la somma degli spazi abbandonati dall'uomo in cui la natura ha ripreso il controllo, come le aree industriali dismesse in cui crescono rovi e sterpaglie o le aiuole spartitraffico in cui si diffondono le erbacce: formazioni residuali diffuse e molto diverse tra loro ma fondamentali per la conservazione della biodiversità. L'assenza di ogni attività umana accomuna tali frammenti di paesaggio ai grandi luoghi del Pianeta dominati dalla natura: i territori disabitati tutelati istituzionalmente, le aree protette, i parchi e le riserve, le riserve di fatto (luoghi inaccessibili, deserti, cime montuose...). Secondo Clément il Bosco Verticale presenta diversi aspetti di similitudine con il Terzo paesaggio, in particolar modo la varietà di specie vegetali presenti e il diffuso senso del limite tra micro-paesaggio vegetale e micro-paesaggio antropizzato. Allo stesso tempo il paesaggista francese individua un elemento di differenziazione principale nelle condizioni di biodiversità del Bosco Verticale e del Terzo paesaggio: nel primo caso sono frutto di un iniziale atto progettuale e sono raggiunte in tempi molto rapidi; nell'altro sono completamente spontanee e richiedono diversi anni.

Three-dimensional façade   Contrary to what happens in traditional buildings, the façades of the Vertical Forest are not conceived as two dimensional elements acting purely to separate the inside from the outside, but rather as a complex system with three dimensions, where height and width are combined with depth in terms of development for the plants. In the first created Vertical Forest the real architectural façade consists of a wall of hollow bricks, onto which an insulating layer of thermal fiber is superimposed and an outer coating formed by a ventilated wall of porcelain panels supported by metal uprights. The outermost layer of the façade is made up of the vegetation, which acts as a natural filter and produces beneficial microclimatic conditions indoors.

>> see Balconies, Microclimates, Colours, Materials

Facciata tridimensionale   Contrariamente a quanto accade nei comuni edifici, le facciate del Bosco Verticale non sono concepite come elementi a due dimensioni, atti puramente a separare l'interno dall'esterno, ma piuttosto come un sistema complesso dotato di tre dimensioni, laddove all'altezza e alla larghezza si somma lo sviluppo in profondità delle piante. Nel primo Bosco Verticale realizzato, la facciata architettonica vera e propria è composta da una muratura di mattoni alveolari, cui è sovrapposto uno strato isolante di fibra termica e un rivestimento esterno formato da una parete ventilata in pannelli di gres porcellanato sostenuti da montanti metallici. Lo strato più esterno della facciata è costituito dall'insieme vegetale, che agisce come un filtro naturale e genera condizioni microclimatiche benefiche negli ambienti interni.

>> vedi Balconi, Microclimi, Colori, Materiali

Urban forest   The first Vertical Forest built in Milan is home to about 20,000 plants, belonging to about 100 different plant species: the equivalent of a 2 hectares forest grafted onto a small piece of land of 1,500 m² in the centre of a big city.

>> see Biodiversity, Plant species, Humans

Foresta urbana   Il primo Bosco Verticale costruito a Milano ospita circa 20.000 piante, appartenenti a circa 100 diverse specie vegetali: l'equivalente di una foresta di 2 ettari innestata su una piccola porzione di terreno di 1.500 metri quadri, al centro di una grande città.

>> vedi Biodiversità, Specie vegetali, Umani

Urban Sensor   The Vertical Forest is designed to become an urban sensor for the spontaneous recolonization of plants and animals in the city, especially for seeds carried by the wind and the movement of flying insects. On the roofs of the Vertical Forest free levels can be created for the colonization of nomadic species. A widespread system of more Vertical

Forests would support monitoring of this evolutionary development.

>> see Biodiversity, Continuous City, Cultural cell, Replicability, Laboratory-roof

Sensore urbano   Il Bosco Verticale è concepito per trasformarsi in un sensore urbano per la spontanea ricolonizzazione vegetale e animale della città, soprattutto per i semi trasportati dal vento e il movimento di insetti volanti. Sui tetti del Bosco Verticale possono essere creati piani liberi per la colonizzazione delle specie nomadi. Un sistema diffuso di più Boschi Verticali può favorire il monitoraggio di questa evoluzione.

>> vedi Biodiversità, Città Continua, Cellula culturale, Replicabilità, Tetto-laboratorio

Urban traffic (anti-congestion of)   If built near public transport hubs, the Vertical Forest can help reduce urban traffic both entering and leaving the city, and encouraging the return to the city centre of families and individual commuters who have moved their homes into suburban areas.

>> see Continuous City, Anti-sprawl device, Replicability

Traffico urbano (anti-congestione del)   Se realizzato in prossimità dei nodi di trasporto pubblico, il Bosco Verticale può contribuire alla riduzione del traffico urbano in entrata e in uscita, favorendo il ritorno verso il centro città di famiglie e individui pendolari che hanno spostato le loro case in aree periurbane.

>> vedi Città Continua, Dispositivo anti-sprawl, Replicabilità

Villas (superimposition of)   One tower of the Vertical Forest is equivalent to the superposition of a series of villas with gardens. Such a model calls to mind the famous experimental Modernism projects: first of all the *immeubles villas* designed by Le Corbusier in 1922 and later repeatedly reinterpreted by other designers. Compared to previous similar projects, the Vertical Forest differs in two main ways: its application as an al-

ready built environment (the *immeubles villas* and their subsequent variations were paper experiments) and the conceptual reversal, which focuses on the plant component rather than the architectural gesture.

>> see (Anti-) anticity, Mute architecture, Anti-sprawl device

Ville (sovrapposizione di)   Una torre del Bosco Verticale equivale alla sovrapposizione di una serie di ville con giardino. Tale modello può ricordare celebri progetti sperimentali della modernità: primo fra tutti l'*immeubles villas* ideato da Le Corbusier nel 1922 e in seguito più volte reinterpretato da altri progettisti. Rispetto a simili precedenti il progetto del Bosco Verticale differisce per due fattori principali: la sua applicazione in un caso costruito (l'*immeubles villas* e sue successive declinazioni rimangono esperienze sulla carta) e il ribaltamento concettuale, che privilegia la componente vegetale rispetto al gesto architettonico.

>> vedi (Anti-) anticittà, Architettura muta, Dispositivo anti-sprawl

White wagtail [*Motacilla Alba*]   A passerine member of the *Motacillidae* family with the size of a common sparrow and found throughout Europe and Asia. It prefers habitats close to water even if it has a remarkable ability to adapt to different environments. It needs open spaces with close-cropped herbaceous vegetation, alternating with areas of bare soil. It adapts very well to man-made spaces and unlike many other birds, it is not uncommon to see it even in mountainous areas.

Ballerina bianca [*Motacilla Alba*]   Passeraceo della famiglia *Motacillidae*, grande quanto un passero comune, diffuso in tutta l'Europa e l'Asia. Predilige gli habitat prossimi all'acqua anche se possiede una notevole capacità di adattamento a diversi ambienti. Necessita di spazi aperti con vegetazione erbacea rasa, alternata a tratti con suolo nudo. Si adatta molto bene agli spazi antropizzati e, a differenza di molti altri uccelli, non è raro osservarlo anche nelle zone montane.

Wind tunnel   The wind was the main climate factor considered in developing the first Vertical Forest: on the one hand for an assessment of its direct impact on vegetation and on the other hand due to the fact that the weight and size of the trees when subjected to the power of the wind are able to transmit a series of intense and complex forces to the structure of the buildings such as to require extremely careful verification. For this purpose, in the preliminary planning stage an initial experimental verification was performed through a test conducted in the wind tunnel at the Milan Polytechnic. The tests made it possible to determine the geography of stress on the trees and the building structure, highlighting local phenomena that increased speed. The study was conducted using a 1:100 scale model, with trees located on spring balances to evaluate aerodynamic forces, moments and coefficients, taking into account the changes that the morphology of the city, both current and future, actually determines and will determine regarding the flow of wind in this context. The results obtained

allowed an assessment of the sizing of the trees and the optimization of the distribution of the same on the façades of the towers. In a second project phase, a carefully calculated real-time model of the pot/tree/anchors/substrate package was subjected to a genuine test carried out in the wind tunnel at Florida International University in Miami. The characteristics of the preselected structure allowed testing of the aerodynamic coefficient of real trees, with windy conditions up to 190 km/hour. The plants were subjected to test speeds up to 67 m/s, with measurements of forces and moments at the base. Thanks to such intensive tests it was possible to determine the characteristics and intensity of the reactions of the trees affected by the wind and of the forces transmitted to the building structures through the turf and the roots system.

>> see Plants (selection of), Structure

Galleria del vento   Il vento è stato il principale fattore climatico considerato nello sviluppo del primo Bosco Verticale: da un lato per la valutazione del suo impatto diretto sulla vegetazione, dall'altro in ragione del fatto che il peso e le dimensioni degli alberi, sottoposti alle sollecitazioni ventose, sono in grado di trasmettere alla struttura degli edifici una serie di forze di intensità e complessità tali da necessitare attenta verifica.

A tale scopo, in fase di progettazione preliminare, è stata effettuata una prima verifica sperimentale attraverso una prova condotta nella galleria del vento del Politecnico di Milano. Il test ha reso possibile determinare la geografia di sollecitazione degli alberi e della struttura edilizia, ponendo in evidenza fenomeni locali di rinforzo della velocità. Lo studio è stato condotto mediante un modello in scala 1:100, con alberi posizionati su bilancia dinamometrica per valutare forze, momenti e coefficienti aerodinamici, tenendo conto delle modifiche che la morfologia della città, attuale e futura, determina e potrà determinare sul flusso del vento nel contesto considerato. I risultati ottenuti hanno consentito di valutare il dimensionamento delle alberature e di ottimizzare la distribuzione delle stesse sulle facciate delle torri. In una seconda fase progettuale, un modello reale del pacchetto vasca/albero/ancoraggi/substrato, nelle dimensioni calcolate a tavolino, è stato sottoposto a una prova dal vero, effettuata nella galleria del vento della Florida International University di Miami. Le caratteristiche della struttura prescelta hanno permesso di testare il coefficiente aerodinamico su alberi veri, con condizioni ventose fino a 190 km/ora. Le piante sono state sottoposte a velocità di prova fino a 67 m/s, con misurazione di forze e momenti alla base. Grazie a tali test intensivi sono state determinate le caratteristiche e le intensità delle reazioni degli alberi sollecitati dal vento e delle forze trasmesse alle strutture edilizie attraverso le zolle e il sistema delle radici.

>> vedi Piante (selezione delle), Struttura

104

Colombaccio [*Columba palumbus*] Specie molto diffusa di colombi, presente in Medio Oriente e in tutta Europa, eccezion fatta per l'Islanda e la Scandinavia settentrionale. Lungo 40-42 cm, elegge come proprio habitat privilegiato le foreste di tutti i tipi, soprattutto di margine, ma anche i giardini e i parchi cittadini. Il nido è composto da paglia e rami e viene costruito soprattutto tra i rami alti degli alberi.

LEARNING FROM VF01

IMPARARE DAL BV01

1   What is VF01
2   Towards a Forest City

1   Cos'è il BV01
2   Verso una Città Foresta

1

What is VF01
Cos'è il BV01

Learning from Vertical Forest 01: 10 reasons

Imparare dal Bosco Verticale 01: 10 ragioni

1   VF01 is a project for the environmental survival of contemporary cities.
    BV01 è un progetto di sopravvivenza ambientale per la città
    contemporanea.

2   VF01 multiplies the number of trees in cities.
    BV01 moltiplica il numero di alberi nelle città.

3   VF01 is a tower for trees inhabited by humans.
    BV01 è una torre per alberi abitata da umani.

4   VF01 is an anti-sprawl device.
    BV01 è un dispositivo anti-sprawl.

5   VF01 demineralizes urban surfaces.
    BV01 demineralizza le superfici urbane.

6   VF01 reduces the pollution of the urban environment.
    BV01 riduce l'inquinamento dell'ambiente urbano.

7   VF01 reduces energy consumption.
    BV01 riduce i consumi energetici.

8   VF01 is a multiplier of urban biodiversity.
    BV01 è un moltiplicatore della biodiversità urbana.

9   VF01 is an ever changing urban landmark.
    BV01 è un landmark urbano cangiante.

10 VF01 is a living ecosystem.
    BV01 è un ecosistema vivente.

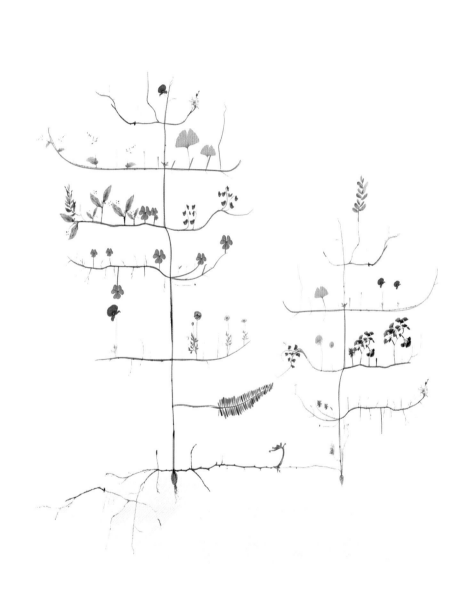

1.1

VF01 is a project for the environmental survival of contemporary cities.

VF01 is a new generation of high-rise urban buildings completely covered by the leaves of trees and plants.
VF01 is an architectural device that promotes the coexistence of architecture and nature in urban areas, and the creation of complex urban ecosystems.

BV01 è un progetto di sopravvivenza ambientale per la città contemporanea.

BV01 è una nuova generazione di edifici alti urbani completamente avvolti dalle foglie di alberi e piante.
BV01 è un dispositivo architettonico che promuove la compresenza di architettura e natura nelle aree urbane e favorisce la creazione di ecosistemi urbani complessi.

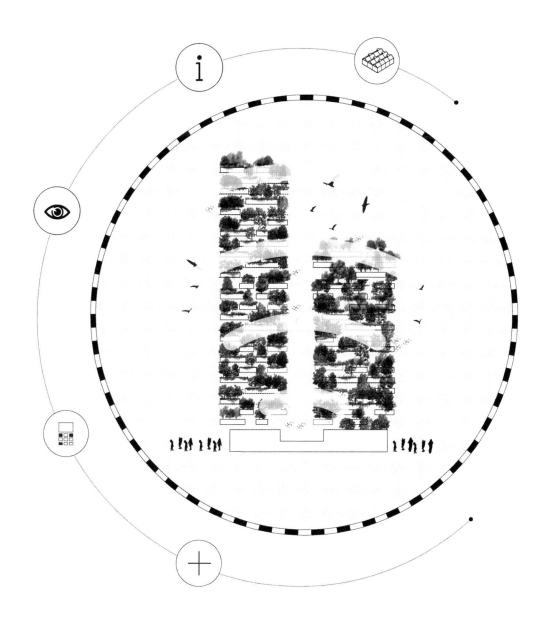

1.2

VF01 multiplies the number of trees in cities.

VF01 grafts the equivalent of thousands of square meters of forest
and undergrowth onto a few hundred square meters of urban space.
The terraces, genuine outdoor extensions of the living spaces are home
to over a dozen trees (ranging from 3 to 9 metres in height), numerous
shrubs and flowering plants.
If about 350 trees make up a 1 hectare forest, the over 700 trees of VF01
are equivalent to 2 hectares of woodland and ground level undergrowth.

BV01 moltiplica il numero di alberi nelle città.

BV01 innesta in poche centinaia di metri quadri di superficie urbana
l'equivalente di migliaia di metri quadri di bosco e sottobosco.
I terrazzi, veri e propri prolungamenti dello spazio abitato verso l'esterno,
ospitano oltre a decine di alberi (alti dai 3 ai 9 metri) numerosi arbusti
e piante floreali.
Se circa 350 alberi sono un bosco da 1 ettaro, gli oltre 700 alberi del BV01
corrispondono a 2 ettari di bosco e sottobosco in piano.

green landscape

tower

2 hectares
2 ettari

= 1500 sqm
1500 m²

1.3

VF01 is a tower for trees inhabited by humans.

VF01 sets the living standard between humans and trees within the built environment, establishing an amount of 2 trees, 8 shrubs and 40 bushes for each human being.

VF01 houses about 1.7 km of pots that are 1.10 metres high and up to 1.10 metres wide.

The soil contained in the pots is a mix of agricultural soil, organic matter and volcanic material that allows the reduction of the volume weighting on the perimeter of the balconies.

Such diversity and typology of plant species within the urban centre works as a point of reference and a tool for urban policies directed to the inclusion of plant and animal species inside the man-made urban context, promoting the development of different urban biodiversity dissemination sites.

BV01 è una torre per alberi abitata da umani.

BV01 ridefinisce lo standard abitativo tra umani e alberi all'interno della città costruita, prevedendo per ogni umano 2 alberi, 8 arbusti e 40 cespugli.

BV01 ospita circa 1,7 km di vasche alte 1,10 e larghe fino a 1,10 metri.

La terra ospitata nelle vasche è il prodotto di un mix di suolo agrario, sostanza organica e materiale vulcanico che consente di ridurre il peso sul perimetro dei balconi.

Una simile quantità e qualità di specie vegetali presenti all'interno del centro cittadino, può costituire un riferimento e uno strumento per la formulazione di politiche urbane volte all'inclusione delle specie vegetali e animali all'interno dell'ambiente urbano antropizzato, favorendo la creazione di ambienti incubatori di biodiversità.

about 8 shrubs

about 2 trees

about 40 bushes

1 PERSON

about 30 animals

1.4

VF01 is an anti-sprawl device.

VF01 constitutes an alternative urban environment that allows to live close to trees, shrubs and plants within the city; such condition can be generally found only in the suburban houses with gardens, which are a development model that consume agricultural soil and which is being now recognized as energy-consuming, expensive and far from communal services found in the compact city.

Through densifying the urban fabric, VF01 creates new and innovative relationships of proximity between nature and the built environment, creating new landscapes and new skylines.

BV01 è un dispositivo anti-sprawl.

BV01 costituisce un'alternativa, all'interno della città, alla prossimità con alberi, arbusti e piante che normalmente si ottiene solo nell'edilizia suburbana delle villette con giardino. Un'edilizia che consuma suolo agricolo e naturale e che è divenuta ormai insostenibile perché energivora, costosa e lontana dai servizi collettivi presenti nella città compatta.

Nel densificare il tessuto urbano, BV01 crea nuove ed inedite relazioni di prossimità fra l'ambiente antropizzato e quello naturale, dando vita a nuovi paesaggi naturali e a nuovi skyline.

single family homes

30 m tower

300 m

30 m

50 hectares
50 ettari

=

1500 sqm
1500 m²

1.5

VF01 demineralizes urban surfaces.

VF01 is a high-density forestation project that increases green and permeable surfaces in the city and reduces the heat island caused also by sunlight reflected from glass façades.
Together with Green Roofs, Vegetable Gardens, and Vertical Gardens, VF01 belongs to a new generation of environmental regeneration projects aimed at improving the quality and variety of everyday life in contemporary cities.

BV01 demineralizza le superfici urbane.

BV01 è un progetto di forestazione ad alta densità che aumenta le superfici verdi e permeabili nella città e riduce l'isola di calore urbana causata dal riflettersi della luce solare sulle facciate vetrate.
Insieme ai Tetti Verdi, agli Orti Urbani, i Giardini Verticali, BV01 appartiene a una nuova generazione di progetti di rigenerazione ambientale volti a migliorare la qualità e la varietà della vita quotidiana nella città contemporanea.

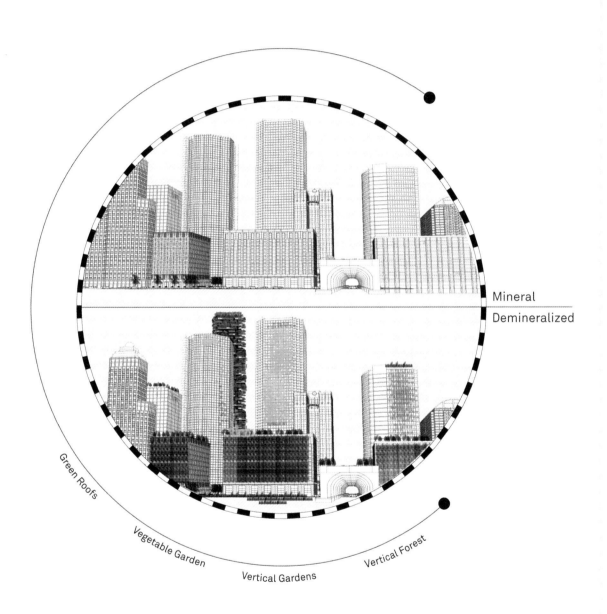

Mineral
Demineralized

Green Roofs

Vegetable Garden

Vertical Gardens

Vertical Forest

1.6

VF01 reduces the pollution of the urban environment.

The vegetation within VF01 is designed in such a way as to form a continuous green filter between the inside and the outside of the inhabited areas, able to absorb the fine particles produced by urban traffic, to produce oxygen, to absorb CO_2 and to shield the balconies and interiors from noise pollution.
The benefits resulting from a reduction in pollution are apparent not just for the building itself and its residents, they also contribute to improving air quality in the whole city.

BV01 riduce l'inquinamento dell'ambiente urbano.

La vegetazione di BV01 è progettata in modo tale da formare un filtro verde e continuo tra l'interno e l'esterno delle abitazioni, in grado di assorbire le polveri sottili prodotte dal traffico urbano, di produrre ossigeno, di assorbire CO_2 e di proteggere i balconi e gli interni dall'inquinamento acustico.
I benefici derivanti dalla riduzione dell'inquinamento non ricadono solamente sull'edificio e sui suoi abitanti, ma contribuiscono a migliorare la qualità ambientale dell'aria nell'intera città.

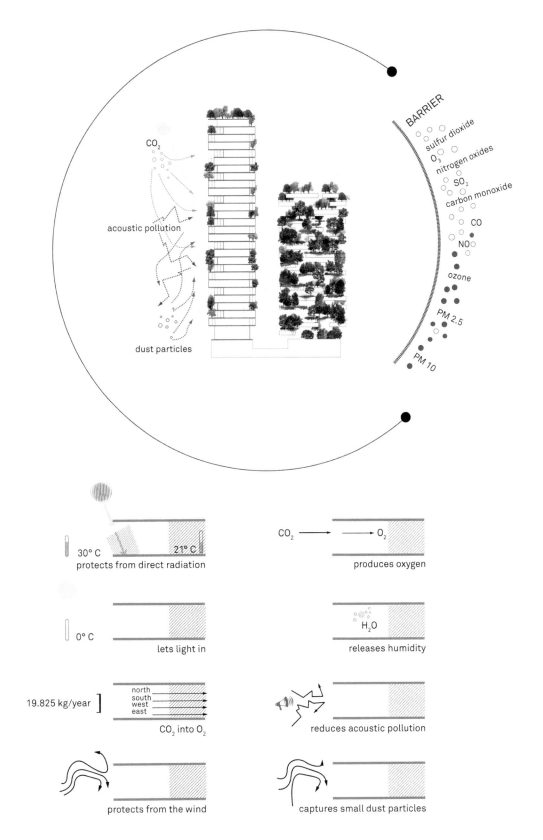

CO$_2$

acoustic pollution

dust particles

BARRIER
sulfur dioxide
O$_3$
nitrogen oxides
SO$_2$
carbon monoxide
CO
NO
ozone
PM 2.5
PM 10

30° C
21° C
protects from direct radiation

0° C
lets light in

19.825 kg/year
north
south
west
east
CO$_2$ into O$_2$

protects from the wind

CO$_2$ ⟶ O$_2$
produces oxygen

H$_2$O
releases humidity

reduces acoustic pollution

captures small dust particles

1.7

VF01 reduces energy consumption.

Trees and shrubs in the VF01 are irrigated with groundwater pulled by a pump system powered by solar panels located on the roof to all the pots in the building. The water used by the trees and shrubs returns purified in the atmosphere in the form of water vapour. The process extracts heat from the surrounding environment.

The vegetation acts as a filter on the VF01 balconies determining a reduction of nearly 3 degrees between outside and inside temperature and – in summer – a decrease in the heating of the façades by up to 30 degrees.

BV01 riduce i consumi energetici.

Gli alberi e le piante di BV01 vengono irrigati dall'acqua di falda che una pompa alimentata dai pannelli solari ospitati sul tetto porta a caduta in tutte le vasche dell'edificio.

L'acqua utilizzata dagli alberi e dagli arbusti ritorna purificata in atmosfera sotto forma di vapore acqueo. Il processo sottrae calore all'ambiente circostante.

Il filtro vegetativo sui balconi di BV01 consente di ridurre l'escursione termica tra interno ed esterno di circa 3 gradi e – nei periodi estivi – riduce il riscaldamento delle facciate fino a 30 gradi.

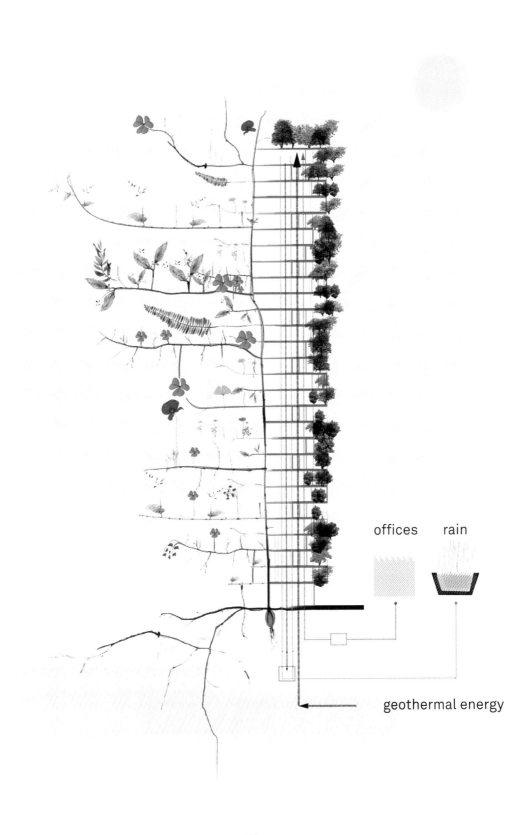

offices   rain

geothermal energy

1.8

VF01 is a multiplier of urban biodiversity.

VF01 hosts about 100 different plant species, including 15 species of trees, 45 shrubs and 34 types of perennials.
More than 20 species of birds have nested on the trees and bushes found in VF01, such as the martin, the redstart and pale swift.
Different insect populations live in the VF01 vegetation, some of which, such as ladybirds, were released inside the vegetation in order to fight plant pests without using pesticides.

BV01 è un moltiplicatore della biodiversità urbana.

BV01 ospita circa 100 specie diverse di essenze vegetali, di cui 15 specie di alberi, 45 di arbusti, 34 di perenni.
Sulle piante di BV01 hanno nidificato più di 20 specie diverse di volatili, quali ad esempio il balestruccio, il codirosso, il rondone pallido.
Nel verde di BV01 vivono diverse popolazioni di insetti, alcuni dei quali, come le coccinelle, sono state distribuite fra la vegetazione al fine di combattere i parassiti delle piante senza l'utilizzo di pesticidi.

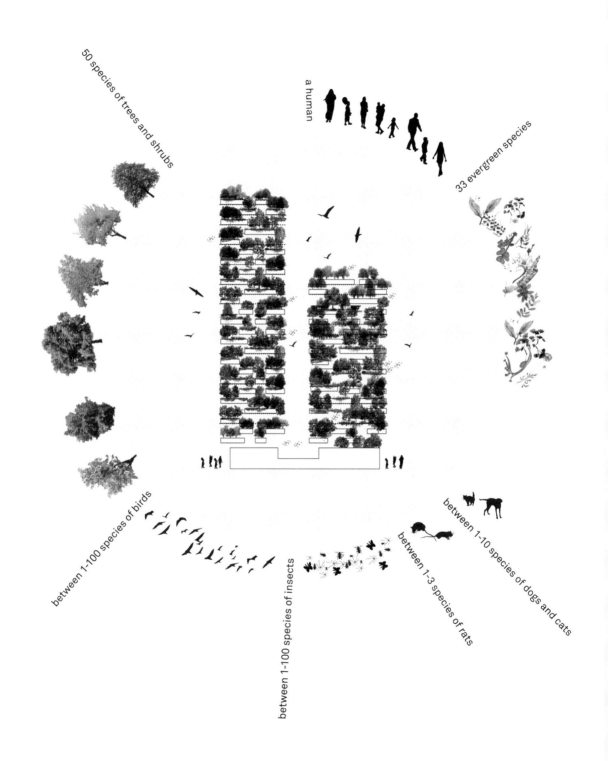

50 species of trees and shrubs

a human

33 evergreen species

between 1-100 species of birds

between 1-100 species of insects

between 1-3 species of rats

between 1-10 species of dogs and cats

125

1.9

VF01 is an ever changing urban landmark.

Because of the variety of plant species hosted in the balconies and the presence (especially on the north walls) of many different deciduous trees, VF01 changes its skin and the colour composition of its living façades, according to the season variability and weather conditions.
Like the trunk of a tree, its outer shell turns it into a living urban archive, a witness to the slow and gradual growth of a new and rich urban ecosystem in the heart of the city.

BV01 è un landmark urbano cangiante.

Grazie alla varietà delle specie vegetali ospitate lungo i balconi e alla presenza (soprattutto sulle facciate nord) di alberi caducifoglie, BV01 cambia la sua pelle e la composizione cromatica delle sue facciate viventi, a seconda del variare delle stagioni e delle condizioni climatiche.
La sua pelle, come il tronco di un albero, si trasforma in un archivio urbano vivente, testimone della lenta e progressiva crescita di un nuovo e ricco ecosistema urbano nel cuore della città.

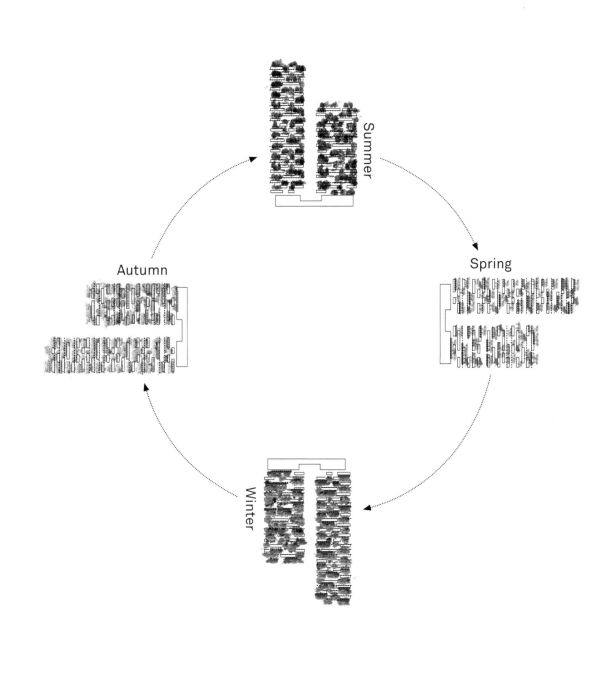

Summer

Spring

Winter

Autumn

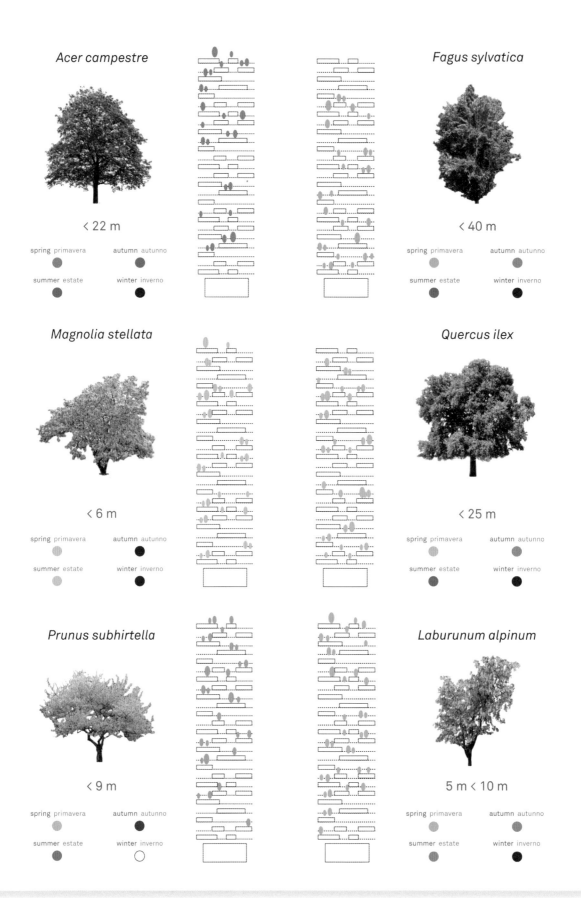

Acer campestre

< 22 m

spring primavera
autumn autunno
summer estate
winter inverno

Fagus sylvatica

< 40 m

spring primavera
autumn autunno
summer estate
winter inverno

Magnolia stellata

< 6 m

spring primavera
autumn autunno
summer estate
winter inverno

Quercus ilex

< 25 m

spring primavera
autumn autunno
summer estate
winter inverno

Prunus subhirtella

< 9 m

spring primavera
autumn autunno
summer estate
winter inverno

Laburunum alpinum

5 m < 10 m

spring primavera
autumn autunno
summer estate
winter inverno

Salix purpurea "pendula"

spring primavera	autumn autunno
●	●
summer estate	winter inverno
●	●

Ilex crenata "convexa"

spring primavera	autumn autunno
●	●
summer estate	winter inverno
●	●

Hedera helix

spring primavera	autumn autunno
●	●
summer estate	winter inverno
●	●

Magnolia stellata

spring primavera	autumn autunno
●	●
summer estate	winter inverno
○	●

Liriope graminifolia

ground cover

spring primavera	autumn autunno
●	●
summer estate	winter inverno
●	●

Sambucus canadensis "aurea"

spring primavera	autumn autunno
●	●
summer estate	winter inverno
○	●

1.10

VF01 is a living ecosystem.

The contact between the leaves belonging to trees and the ones belonging to shrubs and groundcovers planted at different levels transforms the façades of VF01 into potential vertical ecological corridors. As an ecosystem in a state of perennial transformation, VF01 needs a high professional centralized tree care maintenance.

Every 2-3 months, VF01 gardeners from inside the balconies take care of plants and once a year treeclimber arborists intervene to prune the trees from the outside. The health of trees and shrubs hosted in the towers of VF01 is monitored in real time by a centralized network of sensors located in every pot.

BV01 è un ecosistema vivente.

Il contatto delle foglie degli alberi con quelle delle piante ricadenti e degli arbusti trasforma le facciate del BV01 in veri e propri corridoi ecologici verticali. In quanto ecosistema in continua trasformazione, BV01 richiede una manutenzione accurata e un controllo costante delle condizioni di salute delle piante ad alta tecnologia e centralizzata.

Ogni 2-3 mesi, BV01 viene manutenuto grazie all'intervento di giardinieri dall'interno dei balconi e una volta all'anno di potatori freeclimber che intervengono dall'esterno dell'edificio. La salute degli alberi e degli arbusti ospitati nelle torri di BV01 viene monitorata in tempo reale da una rete centralizzata di sensori collocati in ogni singola vasca.

1-2 / year anno
cutting external parts of trees
taglio delle parti esterne
degli alberi

4-6 / year anno
cutting internal part of trees
taglio delle parti interne
degli alberi

6 years anni
control and diagnostics
controllo e diagnosi

2

Towards a Forest City
Verso una Città Foresta

The Forest City is the prototype for a new style of life that develops directly from the extension, multiplication and evolution of the Vertical Forest.
The Forest City is a vertical city, that brings together plant life normally found spread over hundreds of hectares of forest into a space of one or two square kilometres of urban surface. The Forest City is a settlement for humans, trees, plants and other animal species based around a minimum standard of 2 trees per inhabitant.
The Forest City is a complex and integrated ecosystem, which combines environmental sustainability (anti-carbon strategy), biodiversity (the reproduction and cohabitation of living species) and social empathy (the development and promotion of the exchange of social capital – culture, traditions, emotions – among the resident populations).
The Forest City is a vibrant city, with a high proportion of creative relationships. Inhabited by individuals, families, communities and businesses that all experience a completely new sensation of equilibrium between natural and artificial and which use this fertile balance to create innovation in every area of daily life.

La Città Foresta è il prototipo di una nuova condizione di vita che nasce dell'estensione, la moltiplicazione e l'evoluzione del concetto di Bosco Verticale.
La Città Foresta è una città verticale, che raccoglie le essenze vegetali normalmente presenti in centinaia di ettari di foresta, entro uno o due chilometri quadrati di superficie urbana.
La Città Foresta è un insediamento per umani, alberi, vegetali e altre specie animali basato su uno standard minimo di 2 alberi per abitante.
La Città Foresta è un ecosistema complesso e integrato, che combina sostenibilità ambientale (strategia anti-carbonio), biodiversità (la moltiplicazione e la convivenza di specie viventi) e empatia sociale (valorizzando lo scambio di capitale sociale – cultura, tradizioni, affettività – tra le popolazioni insediate).
La Città Foresta è una città intensa, ad alta densità di relazioni creative. Abitata da individui, famiglie, comunità e imprese che sperimentano una condizione di equilibrio completamente nuova tra natura e artificio e usano questo equilibrio fertile per produrre innovazione in tutti i campi della vita quotidiana.

2.1

How to export VF01
Come esportare BV01

Adapt to local biodiversity.

The Vertical Forest provides a model of combination between the urban and the natural world that can be adapted to different environmental conditions according to the local climatic zones. The vegetative and animal species populating the Vertical Forest in a cold climate will be different from the ones of a temperate or dry or tropical climate. Each climatic zone provides a set of local criteria to adapt the prototype to the local conditions.

Adattarsi alla biodiversità locale.

Il Bosco Verticale fornisce un modello di connubio tra il mondo urbano e il mondo naturale che può essere adattato alle diverse condizioni ambientali secondo le zone climatiche locali. Le specie vegetative e animali che popoleranno il Bosco Verticale in un clima freddo saranno diversi da quelli in un clima temperato o secco o tropicale. Ogni zona climatica fornisce una serie di criteri specifici per adattare il prototipo alle condizioni locali.

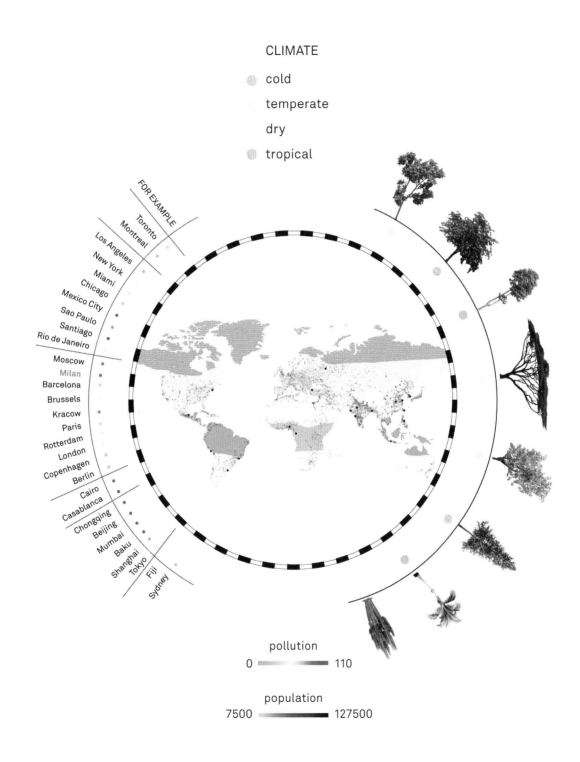

CLIMATE

cold

temperate

dry

tropical

FOR EXAMPLE

Toronto
Montreal
Los Angeles
New York
Miami
Chicago
Mexico City
Sao Paulo
Santiago
Rio de Janeiro
Moscow
Milan
Barcelona
Brussels
Kracow
Paris
Rotterdam
London
Copenhagen
Berlin
Cairo
Casablanca
Chongqing
Beijing
Mumbai
Baku
Shanghai
Tokyo
Fiji
Sydney

pollution

0 ———————— 110

population

7500 ———————— 127500

cold climate   clima freddo

temperate climate   clima temperato

tropical climate   clima tropicale

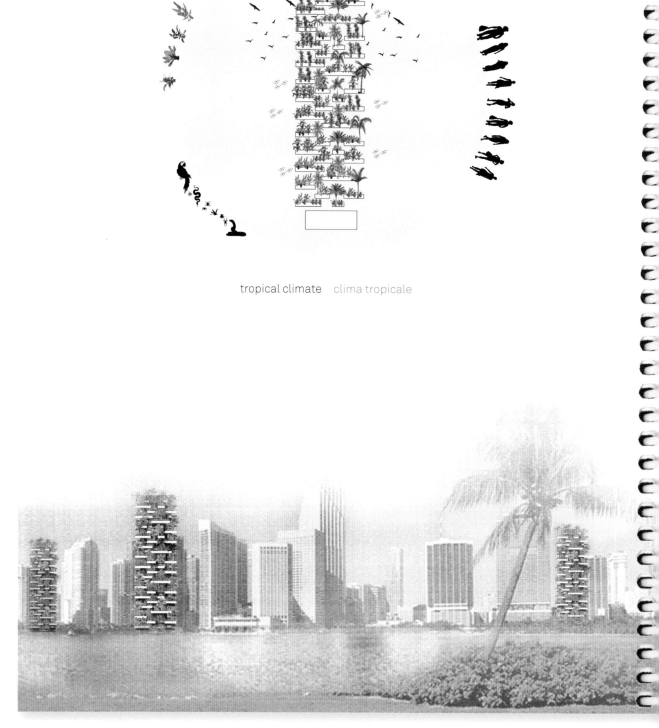

dry climate   clima secco

2.2

Graft
Innesto

Greening existing cities.

The Vertical Forest offers a conceptual and practical solution to the increasing environmental crisis by providing the means to intervene in existing cities through the insertion of injections of biodiversity.

Besides the construction of new units of Vertical Forest, biodiversity can also be superimposed on existing structures through designing architectural solutions to host the vegetative elements.

Rendere più verdi le città esistenti.

Il Bosco Verticale offre una soluzione concettuale e pratica alla crescente crisi ambientale, fornendo i mezzi per intervenire nelle città esistenti attraverso l'inserimento di iniezioni di biodiversità.

Oltre alla costruzione di nuove unità di Bosco Verticale, la biodiversità può essere sovrapposta a strutture esistenti attraverso la progettazione di soluzioni architettoniche per ospitare gli elementi vegetativi.

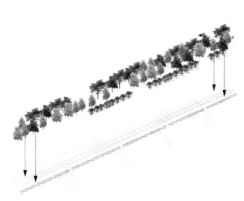

bridge

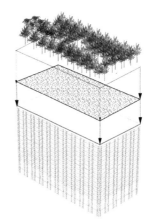

roof

external elevators and stairs

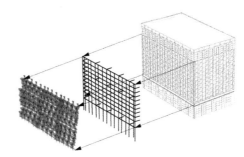

façade

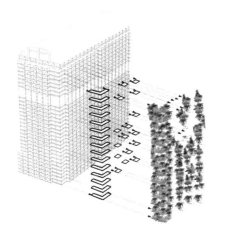

balconies

Vertical Forest 02
Bosco Verticale 02

In Chavannes-près-Renens the second prototype Vertical Forest is now being realised.
A 36 floors 117 meters high tower that will host 24,000 plants, including 100 trees belonging to the family of cedars. The plant pots are integrated into a system of galleries that redefines the design of the façades.

A Chavannes-près-Renens è in corso di realizzazione il secondo prototipo di Bosco Verticale.
Una torre di 36 piani alta 117 metri che ospiterà 24.000 piante fra cui 100 alberi della famiglia dei cedri. La vasca delle piante è integrata in un sistema di loggiati che ridefinisce il disegno delle facciate.

Credits / crediti
Developers and / e General Contractor
Entreprise Générale Bernard Nicod SA – Losanne, CH
Orllati Real Estate SA – Biolay-Orjulaz, CH
Promotion and Management of the procedure
Promozione e gestione della procedura
Commune de Chavannes-près-Renens, CH
Architectural Design / Progetto architettonico
Stefano Boeri Architetti - Milano
Partners **Stefano Boeri, Michele Brunello**
Project leaders **Arch. Marco Giorgio, Arch. Marco Bernardini**
Team **Arch. Moataz Faissal Farid, Arch. Julia Gocalek, Dott. Cécile Cannesson**
Agronomist and Landscape Consultant
Agronomo paesaggista
Studio Laura Gatti – Milano
Dott. Agr. Landscape Consultant Laura Gatti
Engineering Design / Progetto strutture
BuroHappold Engineering | Building Environments – London
Weinmann-Energies SA – London

2.3

Visions of a Forest City

"The earth", "the gardens" and "the forest"

Within the Forest City the urban, natural and rural worlds (human care and attention to nature) co-exist thanks to the creation of a unique and integrated architectural environment at every level of the settlement.

1. "The earth" is a broad and permeable ground-floor area for productive, commercial and cultural activities. It is a fluid and totally public space, open to free transportation systems and the flow of people, goods and carriers from everywhere.

2. "The gardens" are a horizontal pedestrian platform ranging from 5 to 9 metres above the common space where the inhabitants of the forest and their visitors can meet each other, work and enjoy sports and cultural activities. "The gardens" are a semi-public space that will house vegetable gardens, sports facilities and a carrier system for suspended transport.

3. "The forest" is an authentic forest of skyscrapers ranging from 40 to 200 metres in height, a private landscape where it will be possible to experience a new and unusual closeness between humans, trees and other animal species. "The forest" is a vertical kaleidoscope of internal environments – for human beings who want to live with all the amenities and creature comforts within a genuine forest of trees, plants, bushes, etc.

Visioni di una Città Foresta

"La terra", "i giardini" e "la foresta"

Nella Città Foresta la sfera urbana, quella naturale e quella rurale (la cura e la coltivazione antropica per la natura) coesistono grazie alla creazione di un ambiente architettonico ed ecologico unico e integrato, a ogni scala dell'insediamento.

1. "La terra" è un ampio e permeabile piano terra per le attività produttive, commerciali e culturali. È uno spazio fluido e totalmente pubblico, aperto a sistemi di trasporto gratuiti e flussi di persone, merci, vettori provenienti da tutto il mondo.

2. "I giardini" sono una piattaforma pedonale orizzontale da 5 a 9 metri dal suolo pubblico, dove gli abitanti del bosco e i loro visitatori possono incontrarsi, lavorare, fare sport e cultura. "I giardini" sono un paesaggio semi-pubblico che ospiterà orti, impianti sportivi e un sistema di vettori per il trasporto sospeso.

3. "La foresta" è una vera e propria foresta di grattacieli verdi, da 40 a 200 metri di altezza, un paesaggio privato dove sarà possibile sperimentare un'insolita prossimità tra uomo, alberi e altre specie animali. "La foresta" è un caleidoscopio verticale di ambienti interni – per gli esseri umani che vogliono vivere con tutti i comfort all'interno di una vera e propria foresta di alberi, piante, cespugli, ecc.

THE FLYING GARDENERS

I GIARDINIERI VOLANTI

Once a year they fly around the Vertical Forest.
They hang by rope from the edge of the roof
and descend by jumping between balconies.
Agronomists and climbers, only they have the consciousness
of the richness of the lives that the Forest hosts
in the Milan sky.

Una volta l'anno volano attorno al Bosco Verticale.
Si appendono con una corda dal bordo del tetto
e scendono saltando tra balconi.
Agronomi e scalatori, solo loro conoscono
la ricchezza delle vite che il Bosco ospita
nel cielo di Milano.

The Flying Gardeners is a short-film realised by The Blinkfish during summer 2015, on an idea by Stefano Boeri, in occasion of Chicago Architecture Biennial 2015 and Shanghai Urban Space Art Season. Supported by Comune di Milano, Italian Consulate in USA, ICE, Sisters Cities International and sponsored by Azimut Sgr Spa, Solidea Srl, Chirico Design, Albero della Vita/Orgoglio Brescia.

The Flying Gardeners è un cortometraggio realizzato da The Blinkfish nell'estate 2015, da un'idea di Stefano Boeri, in occasione della Chicago Architecture Biennial 2015 e della Shanghai Urban Space Art Season. Supportato dal Comune di Milano, Consolato Italiano negli USA, ICE, Sisters Cities International e sponsorizzato da Azimut Sgr Spa, Solidea Srl, Chirico Design, Albero della Vita/Orgoglio Brescia.

Stefano Boeri
A Vertical Forest
Un Bosco Verticale

edited by / a cura di
Guido Musante and / e Azzurra Muzzonigro
with contributions by / con i contributi di
Michele Brunello, Laura Gatti, Julia Gocałek
and / e Yibo Xu

Book design
Pietro Corraini

texts by / testi a cura di Stefano Boeri, Guido Musante
and / e Azzurra Muzzonigro
translations by / traduzioni di Jon Cox
photographs by / fotografie di
Paolo Rosselli, Laura Cionci and / e The Blinkfish
illustrations by / illustrazioni di Zosia Dzierżawska
illustrations and diagrams of the Manifesto /
illustrazioni e diagrammi del Manifesto
Julia Gocałek and / e SBA

The short film The Flying Gardeners is by /
Il cortometraggio The Flying Gardeners è di
The Blinkfish
From an idea of / da un'idea di Stefano Boeri
Directors / registi
Giacomo Boeri and / e Matteo Grimaldi
Executive producer / Produttore esecutivo
Paolo Soravia
Photography Director / Direttore della fotografia
Giacomo Frittelli
Gardeners / Giardinieri
Gilberto Antonelli, Massimo Sormani, Giovanni Ugo

The Vertical Forest is a project by / Il progetto
delle torri Bosco Verticale a Milano è di
Boeri Studio (Stefano Boeri,
Gianandrea Barreca, Giovanni La Varra)
Supervision of works / Supervisione dei lavori
Davor Popovic
Landscape project / Progetto di paesaggio
Laura Gatti and / e Emanuela Borio
Supply and maintenance of green /
Fornitura e manutenzione del verde
Peverelli s.r.l.
Structures projects / Progetto strutture
Arup Italia s.r.l.
Systems design / Progetto impianti
Deerns Italia S.p.A.
Asset Manager
COIMA SGR
Interior design
COIMA Image in collaboration with /
in collaborazione con Dolce Vita Homes:
Special thanks to Kelly Russel, Director of Communication Coima
SGR and her team / Un ringraziamento speciale a Kelly Russel,
Direttore Comunicazione Coima SGR e al suo team

The publisher and Stefano Boeri Architetti will be at complete
disposal to whom might be related to the unidentified sources
printed in this book.
L'editore e Stefano Boeri Architetti sono a disposizione degli
eventuali aventi diritto per le fonti non individuate.

With the contribution of / con il contributo di

www.ceramichelea.it

www.cottodeste.it

www.termigas.com

www.peverelli.it

Printed in Italy by / Stampato in Italia da
Esperia s.r.l., Lavis (Tn)
December / dicembre 2015

Maurizio Corraini s.r.l.
Via Ippolito Nievo, 7/A
46100 Mantova
Tel. 0039 0376 322753
Fax 0039 0376 365566
e-mail: info@corraini.com
www.corraini.com

A house for trees and birds,
inhabited also by humans,
in the Milan sky.

Una casa per alberi e volatili,
abitata anche da umani,
nel cielo di Milano.

€ 25,00